AF452315

DE L'ÉTUDE DE L'HISTOIRE,

POUR

LES JEUNES ÉLÈVES QUI SUIVENT LES COURS LATINS.

PAR MIGNARD,

MEMBRE DE PLUSIEURS SOCIÉTÉS SAVANTES.

Il serait honteux à tout honnête homme d'ignorer le genre humain et les changements mémorables que la suite des temps a faits dans le monde.

(Bossuet, Discours sur l'Histoire universelle, desscin général de l'ouvrage.)

A PARIS,

CHEZ JACQUES LECOFFRE ET Cⁱᵉ,

RUE DU VIEUX-COLOMBIER, 29.

1851.

DE L'ÉTUDE DE L'HISTOIRE,

POUR LES JEUNES ÉLÈVES QUI SUIVENT LES COURS LATINS.

> Il serait honteux à tout honnête homme d'ignorer le genre humain et les changements mémorables que la suite des temps a faits dans le monde.
>
> (Bossuet, Discours sur l'Histoire universelle, dessein général de l'ouvrage.)

§ 1. Considérations générales.

Je ne saurais trop recommander à la jeunesse de s'appliquer de bonne heure à l'histoire : car c'est rester toujours dans l'enfance, a dit Cicéron, que d'ignorer ce qui s'est passé avant nous; et d'ailleurs, l'étude de l'histoire aide à l'étude de soi-même : en voyant les ambitieux faillir, on quitte de vaines espérances; en voyant le mauvais destin des fausses mesures, on aime la vérité et on y rattache ses projets; en apercevant l'inconstance des choses qui ne s'appuient pas sur les hauts principes, on redoute les disgrâces et les tempêtes; en voyant la décadence des nations, on connaît qu'elles ne s'écroulent qu'en abandonnant **Dieu**, la religion, la morale et la probité.

Il faut un grand discernement dans cette étude, soit pour la méthode, soit pour le choix des livres. La vie ne suffirait pas pour embrasser toute l'histoire : l'essentiel est donc que les vues générales soient bien conduites, et l'ensemble apprécié avec fruit. Il ne s'agit pas, vraiment, de faire de vaines et pédantesques citations : il s'agit de former son jugement, sa raison et son cœur, et le véritable but de cette étude doit être de rendre les hommes sages, intelligents et éclairés.

Que les jeunes gens s'exercent à raconter à ceux qui les dirigent les circonstances remarquables de l'histoire, et puis, qu'ils les écrivent; il n'y a rien de plus profitable que ce double exercice : il apprend à parler et à écrire exactement et noblement, et à s'attacher aux faits; plus tard, et comme un correctif de la sécheresse, je recommanderai aux latinistes la lecture des *Lettres de Pline le Jeune* et des *Tusculanes de Cicéron*. Il ne faut pas écrire trop tard, ni négliger son langage, parce qu'en s'exerçant à écrire, on s'exerce à penser.

Si les enfants réglaient bien leur temps, ils liraient sans fatigue tout ce qu'ils doivent lire, et la compagnie de l'histoire vaudrait mieux pour eux que toutes sortes d'oiseuses conversations qu'ils entendent et qui les portent à adopter comme vraies une foule d'opinions fautives. Les conversations maladroites et le ton décisif des ignorants ou des gens futiles font un tort immense à la jeunesse.

§ 2. Des Études chronologiques.

En général, on néglige trop la *chronologie*, et c'est une faute grave pour plusieurs raisons : d'abord, parce que, sans elle, on ne saisit pas bien ni les détails ni l'ensemble des faits ; parce qu'on ne peut rien entrevoir de leur raison d'exister au point de vue providentiel ; parce qu'enfin, c'est s'interdire une des plus belles et des plus profitables études que l'homme puisse faire, c'est-à-dire l'étude des desseins de Dieu sur le monde.

Il ne faut pas s'attendre à une certitude mathématique sur le résultat de la supputation des temps : car tous les différents peuples ne se sont point accordés sur les bases de cette supputa-

tion, c'est-à-dire ni sur la division du jour, ni
sur le nombre de jours constituant le mois, ni
sur le nombre de mois constituant l'année :
ainsi, certaines nations, comme les *Chaldéens*
et les *Juifs*, avaient des semaines de sept jours[1];
d'autres, comme les Grecs, avaient des semaines de dix jours; les Romains comptaient par
neuvaines[2]. Quant à la durée du jour, les *Babyloniens* et les *Perses* prenaient pour point de
départ le lever du soleil; les *Germains*, les *Gau-
lois*, etc., le réglaient le soir, d'après les phases
de la lune; les *Ombriens*, ancien peuple d'Italie, le faisaient commencer à midi, et les Romains à minuit, etc.

(1) Les Hébreux avaient en grande vénération le nombre
sept, à cause du septième jour qui terminait la création.

(2) « Le peuple de la campagne, dit l'Encyclop. méth.,
Ant., t. iv, après avoir travaillé huit jours de suite, venait
à la ville le neuvième jour, pour vendre ses denrées, et
pour s'instruire de ce qui avait rapport soit à la religion,
soit au gouvernement. » — Or ce neuvième jour s'appelait
jour *nundinal*, et formait, comme le septième jour de
notre semaine, une période de repos. C'est ce qui a fait
penser à plusieurs auteurs, et entre autres à *Monchablon*
(Dictionnaire d'Antiquités, au mot Semaine), que les Romains avaient leur semaine de 9 jours.

Les calculs pour le cours de l'année furent d'abord établis sur le système lunaire (cycle de 19 ans); puis tout fut changé par les calculs du système solaire (cycle de 28 ans), etc. Au milieu de tant de difficultés qui s'entremêlent dans la chaîne des temps, on ne s'étonnera donc point si les chronologistes diffèrent d'opinion sur le nombre d'années qui se sont écoulées depuis la création du monde jusqu'à la naissance de J. C.

Selon la version des Septante [1], le monde commença l'an 5872 avant J. C.; selon le texte samaritain [2], l'an 4700; selon le texte hébreu de la Bible et la *Vulgate* [3], l'an 4004; des sa-

---

[1] On appelle ainsi les auteurs d'une version grecque de la Bible, version que *Ptolémée Philadelphe*, roi d'Egypte, fit faire par 70 vieillards juifs que lui avait envoyés le grand prêtre *Eléazar*, 277 ans avant J. C.

[2] Les *Samaritains* (ce sont les descendants des dix tribus d'Israël qui, sous *Jéroboam*, se séparèrent des deux autres tribus de *Juda* et de *Benjamin*, restées fidèles au culte du vrai Dieu) joignaient le culte des idoles à celui du Dieu de leurs pères. Ils ne reconnaissaient que le *Pentateuque* ou les cinq livres de Moïse.

[3] On appelle ainsi la traduction de la Bible en latin par *saint Jérôme.*

vants, tels que *Joseph Scaliger*, au XVIe siècle, ont fixé à 4714 le nombre des années révolues depuis la création jusqu'à J. C.; d'autres, tels que les fameux bénédictins, auteurs du livre renommé sous le titre de *l'Art de vérifier les dates*, ont pris pour base le calcul des éclipses, et ont élevé le nombre des années de la création jusqu'à J. C. à 4963. Ce dernier système chronologique a été adopté par l'université [1].

Bossuet, dont l'opinion est d'un grand poids,

[1] Voici quelques chiffres dont la moyenne s'accorde, à 19 années près, avec le résultat exposé par les bénédictins dans l'Art de vérifier les dates. — Or ces 19 années forment juste *la période d'un cycle lunaire* :

5193 ans selon le Juif *Philon* d'Alexandrie, écrivain du premier siècle.

5947 — selon *Calvisius, Helvicus* et *Alstédius*, chronologistes allemands du XVIe siècle.

4832 — selon *Origène*, docteur de l'Église d'Alexandrie, et selon *Adon*, de Vienne, chroniqueur français du IXe siècle.

5600 — selon *Suidas*, écrivain grec du Xe siècle.

5949 — selon *Origan* et *Argole*. (Voir les Éléments de l'Histoire, par l'abbé de Vallemont, t. I, p. 43.)

5000 — selon *Métrodore*. (Voir id.)

5700 — selon *Nicéphore* de Constantinople.

5984 — selon le P. *Petau*.

5872 — selon la version des Septante.

44079

a adopté la supputation du texte hébreu de l'Ecriture, c'est-à-dire 4004 ans. Quoique la différence ne soit pas grande, je pense qu'il est utile de mettre en regard les deux systèmes dans le cours des études chronologiques, à cause de l'autorité reconnue d'un grand nombre d'écrits du XVIIe siècle, lesquels ont adopté

44079

4000 — selon *Ussérius*, selon la Bible de *Vitré* et selon *Bossuet*, qui, dans le magnifique exposé de son Histoire universelle, justifie l'enchaînement des dates. — Ussérius, évêque d'*Arnach*, en Irlande, dans un excellent ouvrage intitulé : *Annales du Vieux et du Nouveau Testament*, justifie aussi, de la manière la plus satisfaisante, cet espace de 4000 ans.

6310 — selon *Onuphre Panvinio*, savant religieux augustin du XVIe siècle.

54389 — nombre total dont la moyenne est de 4944 ans.
— Or si à cette moyenne on ajoute l'espace d'un cycle lunaire ou 19 ans, on trouve exactement le même chiffre que celui de la chronologie bénédictine ou universitaire. c'est-à-dire 4963 ans.

Dans la nomenclature précédente, quand on compare le chiffre le plus élevé 5195 ans avec le chiffre le plus bas 3947 ans, l'on remarque une différence de 1248 années ; tandis qu'entre celui de la chronologie usitée, c'est-à-dire 3963 ans, et celui de la Vulgate, c'est-à-dire 4004, la différence n'est que de 41 ans.

la chronologie de Bossuet. **J'engage les jeunes élèves à faire eux-mêmes leurs tables chronologiques**, avec une double colonne de dates où figureront, d'une part, celles du système universitaire, et de l'autre, les dates que Bossuet a admises : cet exercice d'un tableau chronologique, d'ailleurs un peu raisonné, est, je pense, un des meilleurs qu'un élève puisse faire. S'il s'y adonnait avec soin à diverses époques de ses études, il pourrait constater par ce seul travail les progrès de son intelligence et de son savoir.

A l'égard des temps, il s'est fait une grande indécision dans les esprits, parce qu'on a confondu les époques primitives, *c'est-à-dire celles qui ont précédé l'apparition de l'homme sur la terre,* avec les temps qui ont suivi cette apparition. On n'a pas pris garde que les temps ne sont supputables que depuis cette dernière époque, à cause des traditions et des monuments ; mais qu'auparavant il n'y a aucune base : aussi l'imagination s'est-elle donné carrière : on n'a pas épargné les chiffres pour grossir l'ancienneté de notre *petit univers ;* mais quelles preuves apporteront ces supputateurs bénévoles ? ils sont peut-être encore au-dessous de la vérité !

Les Egyptiens, les Chinois [1], par exemple, admettent, dit-on, des chiffres étranges : libre à eux; mais l'absurde est d'avoir placé l'homme sur la terre avant l'époque qui lui était destinée dans l'ordre de la création.

Les souverains qui, depuis *Chun*, ont possédé la Chine, jusqu'à nos jours, se divisent en 22 dynasties ou familles, dont la première, celle de *Yu* ou *Yao*, commença, suivant l'opinion la plus probable, vers l'an 2198, et non pas 2207 avant J.C. [2].

Tout ce qu'on raconte sur les temps ayant précédé *Yao* n'est, au jugement des bons critiques, qu'un amas de fables et de traditions obscures qui ne méritent aucune foi. La chronologie chinoise, quoi qu'en disent ses partisans, n'est rien moins que certaine : c'est ce

[1] On lit dans l'Art de vérifier les dates (t. II, p. 135 et suiv.) : Les *Chinois*, de même que les *Phéniciens*, les *Egyptiens*, les *Babyloniens*, les *Assyriens*, et d'autres peuples de l'Orient, étaient des colonies provenant de la dispersion qui fut occasionnée dans les plaines de *Sennaar* par la confusion des langues. Ce fut *Yao* qui amena, dit-on, une de ces colonies dans le pays appelé aujourd'hui la *Chine*, lequel prit son nom de *Chun*, successeur d'Yao.

[2] Voir ibid.

qu'avoue un habile Chinois de nos jours dans un savant mémoire sur l'antiquité des Chinois. « **Un lettré du siècle passé, dit-il, a prouvé que tous les fondements de notre chronologie avant l'époque de 841 (avant J. C.) portent en l'air, et vont flottant d'un système à l'autre sans qu'on puisse les fixer faute de monuments authentiques.** *Afin de bâtir après avoir détruit, il imagine de recourir aux livres des Européens, et de s'aider de leur chronologie pour fixer la nôtre* [1]. »

Une science née de nos jours, et qui n'était pas même soupçonnée des anciens philosophes, une science qui, par la grandeur et la sublimité des objets dont elle s'occupe, conduira l'humanité à d'importantes certitudes, et sera un jour l'auxiliaire de la théologie, la *science du géologue* enfin, prouve avec une évidence irrésistible l'existence d'animaux divers et successifs, non-seulement sans analogie avec ceux de nos jours, mais même avec ceux de divers autres âges du globe; il en est de même de plusieurs ordres de végétaux [2]. — Qu'on ne dise pas

[1] Ibid.

[2] Toutefois l'analogie des formes apparaît à mesure qu'on se rapproche des formations terrestres de nos jours.

que ce système est hypothétique : car l'unité de plan et l'harmonie d'organisation qui dominent l'ensemble de la nature animée, comme dit *Buckland* [1], sont telles, que les caractères offerts par une extrémité seule, par une dent, par un os isolé, par exemple, permettent de conclure la forme et les proportions des autres os, et jusqu'aux conditions d'existence de l'animal tout entier, jusqu'à ses habitudes, jusqu'à son instinct, *jusqu'au milieu dans lequel il vivait* [2]. Le privi-

[1] La Géologie et la Minéralogie dans leurs rapports avec la théologie naturelle (t. I, p. 96).

[2] Cuvier est le plus puissant génie qui ait appartenu à la science de l'anatomie comparée. Laissons-le parler au moment où il est à l'œuvre au milieu de débris de squelettes de toutes les espèces. «Il fallait que chaque os allât retrouver celui auquel il devait tenir : c'était presque une résurrection en petit; et je n'avais pas à ma disposition la trompette toute-puissante; mais les lois immuables prescrites aux êtres vivants y suppléèrent; et, à la voix de *l'anatomie comparée*, chaque os, chaque portion d'os reprit sa place. Je n'ai point d'expression pour peindre le plaisir que j'éprouvais en voyant, à mesure que je découvrais un caractère, toutes les conséquences plus ou moins prévues de ces caractères se développer successivement; les pieds se trouver conformes à ce qu'avaient annoncé les dents, les dents à ce qu'avaient annoncé les

lége du génie est d'apercevoir la nature non-
seulement dans son éclat, dans sa vie, dans ses
lois agissantes, mais même dans ses formes et
dans *ses aspects des temps passés.*

Tous ces différents êtres, plantes ou animaux, réduits à l'état *fossile* après un laps de
temps immense, ont laissé leurs débris par étages et par superposition de roches et de terrains,
depuis les formations les plus profondes jusqu'aux couches terrestres et aux sédiments modernes [1] où vivent les générations actuelles, et
où l'homme, ce chef-d'œuvre de la création, a
commencé son règne. Ce dernier être sorti des
mains de Dieu est depuis trop peu de temps
sur la terre pour que chaque molécule de ses
ossements ait eu le temps de se voir substituer
une à une des molécules étrangères [2]. Il ne se

pieds; les os des jambes, des cuisses, tous ceux qui de-
vaient réunir les deux parties extrêmes, se trouver con-
formés comme on pouvait le juger d'avance; en un mot,
chacune de ces espèces renaître, pour ainsi dire, d'un seul
de ses éléments.» (Cuvier, Ossements fossiles, t. III, p. 3.)

(1) L'homme, témoin du déluge, dit M. de Humboldt, appartient aux plus récentes formations d'eau douce. (Cos-
mos, t. I, p. 515.)

(2) Cette transformation moléculaire des corps organi-

trouve pas d'os humains fossiles, en effet, dans les couches régulières de la surface du globe[1], et l'on peut dire que l'homme est né d'hier, comparativement à ces êtres transformés par l'effet de l'action d'un temps excessivement long, et dont il est impossible à qui que ce soit de déterminer la durée.

Les êtres qui ont laissé leurs *dépouilles fossiles* dans les diverses couches de ce vaste ossuaire du globe y sont placés dans le même ordre que celui du magnifique tableau que Moïse a tracé de la création dans le premier livre de la Genèse. Ainsi, après que la terre, *créée au commencement* [2], eut été d'abord

ques en substances minérales, calcaires ou autres, se faisant par la substitution d'une molécule de ces corps à une molécule étrangère, ne peut s'opérer qu'avec une extrême lenteur : de telle sorte que la durée des temps depuis le déluge biblique a été insuffisante pour la *fossilisation* des ossements d'animaux existants à cette époque.

(1) Voir, sur ce sujet important, le Discours sur les Révolutions du globe, par Cuvier, 6e édit., p. 135.

Voir aussi Lyell, Principes de Géologie, t. I, p. 153 et 159.

Voir le docteur Buckland, p. 91, etc.

(2) Au *commencement,* Dieu créa le ciel et la terre. (Genèse, ch. I, v. 1.)

longtemps *informe et nue* [1], après que la *lu-mière eut été faite* [2], après que le bassin des mers et l'espace des premiers continents eurent été tracés par la main de Dieu [3] : alors les plan-tes, les arbres [4], puis les poissons et les oi-

[1] *Informe et nue*, telles sont les expressions de la Ge-nèse, ch. I, v. 2.

La plupart des Pères des premiers siècles de l'Eglise, saint Grégoire de Nazianze, saint Basile, saint Césaire, Origène, etc., supposent une période indéfinie entre la création et le premier arrangement régulier de toutes choses.

(Voir le nouveau Traité des Sciences géologiques, par Jehan, p. 517.)

[2] Le premier jour Dieu dit : « Que la lumière soit faite, » et *la lumière fut faite* (Genèse, ch. I, v. 7). On ne trouve nulle part l'image d'une telle grandeur.

[3] La Genèse décrit ainsi l'œuvre du second jour : « Dieu rassembla les eaux en un seul lieu. — Il fit paraî-tre l'*élément aride*. » (Ibid., v. 9.)

Peu de mots suffisent à Moïse, comme on le voit, pour exprimer cette grande révolution du globe qui, à la voix de Dieu, fait graviter l'Océan dans des limites certaines, et commence l'émersion des îles, et enfin des continents.

[4] Dieu créa le troisième jour *l'herbe verte qui porte de la graine, et les arbres qui renferment leur semence en eux-mêmes*, chacun selon son espèce, pour se reproduire sur la terre. (Ibid., v. 11.)

seaux [1], puis les animaux terrestres et les reptiles [2], parurent successivement sur la terre ;
et enfin, l'homme reçut l'existence à cet instant
de l'éternité où la toute-puissance et la bonté de
Dieu avaient fait de la terre un lieu splendide
pour la plus parfaite et la plus intelligente de
ses créatures [3].

A mesure que les continents se formaient par le retrait
ou la diminution des eaux de la mer, les fruits des premiers types d'arbres ou des premières herbes sorties des
mains du Créateur tombaient sur les rivages, où les vents
et les vagues de la mer venaient les balayer pour porter
ces frêles embarcations chargées de colonies nouvelles
sur des rivages nouveaux. C'est ainsi qu'il faut entendre
le sens profond du verset 11 : en effet, Dieu a placé dans
le premier fruit comme dans le premier animal créé les
éléments de la reproduction. La vie naissant de la mort,
c'est la loi universelle.

(1) Les poissons et les oiseaux appartiennent à la création du cinquième jour (Genèse I, v. 21, 23).

(2) Les animaux terrestres, les reptiles, l'homme enfin, appartiennent à la création du sixième jour (Genèse,
I, v. 24 et 25).

(3) Les créatures ayant été faites dans un but d'harmonie et de relation avec les diverses conditions de la surface terrestre, il s'ensuit que Dieu a rendu ses créatures plus parfaites à mesure que ces conditions d'existence
ont été plus parfaites. Peut-être y a-t-il eu un moment

Avant l'apparition des terrains que les géologues nomment *transitaires*, pour exprimer

dans l'éternité où les *polypes et certains mollusques*, chargés par la Providence d'élever les iles au-dessus du niveau de la mer, et de construire les continents, étaient les seuls êtres existants, parce qu'ils étaient alors les seules créatures nécessaires, et les seules en harmonie avec l'ordre éternel imprimé à la nature par la toute-puissance de Dieu. — Nos roches, nos calcaires, les murs de nos maisons, dit Buckland (p. 98), ne sont souvent pas formés d'autre chose que de coquilles brisées qui, jadis, au fond des mers et des lacs primitifs, servaient d'habitation à d'autres animaux.

Il existe de vastes plaines et d'énormes montagnes qui ne sont, pour ainsi dire, que les *charniers* immenses des précédentes générations d'animaux et de végétaux pétrifiés. Il y a parmi ces amas de ruines constituant le sol sur lequel nous vivons et nous mourons des milliards de coquilles tellement microscopiques, que *Soldani*, un savant cité par Buckland (p. 102) en faisait passer des quantités considérables à travers les trous d'un papier percé avec l'aiguille la plus fine.

L'imagination reste confondue devant de pareils résultats : car l'infini en petitesse dépasse encore plus notre intelligence que l'infini en grandeur. Ces deux merveilles extrêmes, *l'infinie petitesse comme l'infinie grandeur*, échappent à notre intelligence bornée : nous le savons, et nous en faisons l'expérience chaque jour. Pourquoi donc, dans tout ce qui touche à Dieu, n'avons-nous pas plus de confiance dans la foi que dans les frêles et indécises lumières de notre esprit ?

le changement ou la *transition* qui s'est opérée entre ces groupes terrestres et les roches primitives (*Granits, Porphyres, Trachytes, Basaltes* et autres produits volcaniques de l'ancien univers), formées par l'action unique du feu, avant, dis-je, l'apparition des premiers terrains transitaires [1], la vie végétale ou animale ne pouvait se manifester nulle part encore sur le globe. Aussi n'est-ce que dans les schistes

[1] Ceux-ci sont dus à l'érosion des terrains primitifs par les eaux et par toutes les causes moins actives sans doute qui agissent encore pour miner nos roches de formation actuelle. Des multitudes de parcelles des roches primitives, tenues d'abord en suspension par les eaux, se déposèrent lentement, et formèrent les *Schistes* ardoisiers, les composés siliceux nommés *Grawacke*, les *Grès rouges*, etc.; et enfin, lorsque les plantes et les arbres, qui avaient été créés le troisième jour biblique ou *à la troisième époque*, purent être accumulés en grand nombre sur un même point, comme le serait, par exemple, une forêt ensevelie par un *cataclysme*, ou révolution violente du globe, alors se forma le terrain houiller, qui est un des derniers étages des terrains de *transition*. « Ces terrains, dit Buckland, ne présentent aucun vertébré plus élevé dans la série animale que les poissons »(B. p. 54). Or cette donnée géologique est parfaitement d'accord avec le récit de Moïse, qui ne montre l'existence des poissons qu'après la création des plantes et des arbres.

houillers et les couches carbonifères que d'habiles savants ont étudié une Flore fossile [1] des

(1) M. *Brongniart*, de l'institut de France, a ressuscité la plupart des morts du règne végétal, ensevelis dans leurs tombes depuis des millions d'années peut-être. Ces plantes n'ont rien de commun avec le monde végétal actuel : ce sont des *Fougères* de la taille de nos plus grands arbres; des *Cycas* et des *Zamia*, dont les feuilles sont découpées comme des plumes d'oiseaux; des *Pandanus*, dont l'espèce abonde encore dans les îles de l'*océan Pacifique*, après être devenue étrangère à l'Europe; ce sont des *Lycopodiacées*, arbres gigantesques qui ont plus de trois mètres de tour, des *Stigmaria*, des *Sigillaria*, des *Conifères* analogues aux plus grands pins actuels, etc., etc.; des *Zoophytes* ou animaux-plantes du nom d'*Encrinites, Pentacrinites, Apiocrinites*, êtres oscillant entre deux règnes, sur de plus vastes dimensions que nos polypiers actuels, êtres inférieurs, mais qui étaient chargés de bâtir lentement sous les eaux, et pendant des millions de siècles, les continents où brillent aujourd'hui et s'effaceront demain des peuples et des empires.

Les peintures de feuillages les plus exquises qui recouvrent les lambris des palais de l'Italie, dit le docteur Buckland, ne peuvent entrer en comparaison avec la belle profusion des formes végétales éteintes qui tapissent les galeries des mines de houille de *Bohême*, ces grands herbiers de la nature.

Les végétaux houillers forment la base de la Flore du monde primitif du comte de *Sternberg*, publication commencée à *Leipsick* et à *Prague* en 1820.

premiers temps de notre univers, et que d'autres naturalistes, tout aussi ingénieux, ont entrepris de faire la nomenclature des poissons absolument étrangers aux époques postérieures [1].

Les animaux de la terre ferme viennent ensuite; et, en effet, on ne commence à les rencontrer que dans les terrains intermédiaires [2].

Une autre Flore fossile du gisement houiller de *Newcastle* a été publiée en Angleterre par MM. *Lindley et Hulton*.

[1] De savantes recherches sont dues sur ce sujet à M. *Agassiz*.

[2] Les plus profonds de ces terrains, auxquels les géologues donnent la dénomination générale de *terrains secondaires*, renferment, sous des couches variées (*Calcaire-magnésien*, *Lias*, *Calcaire-jurassique*, *Marnes d'Oxford-Clay*, etc., etc.), d'époques et de révolutions diverses, des *dépouilles fossiles* attestant la présence d'animaux gigantesques dont les espèces ont complétement disparu du globe. De ce nombre sont les *Grands Sauriens* du nom d'*Ichthyosaures* (poissons-lézards), de dix mètres de long, armés de 180 dents de forme conique, et pourvus de vigoureuses nageoires comme des avirons (voir Buckland, à la description des Sauriens). Ces ennemis terribles des habitants des mers joignaient à la force et à la vigueur la légèreté des mouvements.

De ce nombre encore sont les *Plésiosaures*, ayant la tête

Je ne suis entré dans toutes les considérations scientifiques précédentes que pour tou-

d'un lézard, les dents d'un crocodile, les côtes d'un caméléon, et les nageoires d'une baleine (Cuvier, *Oss. foss.*, t. V, p. 476); et enfin les *Mosasaures*, Sauriens de huit mètres de long. C'est à la vue d'une seule dent de cet animal que Cuvier, dépositaire par son génie des secrets les plus profonds de la science anatomique, reconstruisait tout l'ensemble du squelette.

Ces monstres marins, vrais tyrans de l'empire des eaux, paraissent avoir été chargés, suivant la loi inévitable qui fait naître la stabilité et l'équilibre du milieu de l'agitation, et la vie de la mort, ces tyrans de l'Océan, dis-je, paraissent avoir été chargés du soin de limiter l'exubérance de propagation des hôtes de la mer.

Il y avait encore peu de continents à cette époque, et ce n'a été qu'après des révolutions et des dislocations nouvelles de la croûte terrestre que l'espace fut enfin donné aux nombreuses espèces d'animaux terrestres que nous voyons apparaître enfin au sixième jour biblique, époque à laquelle se rapporte peut-être la division géologique des *terrains tertiaires*, ou d'autres plus modernes encore.

Ces dislocations, ces *soulèvements*, d'une part, ces dépressions d'une autre part, ces *failles* qui dressent sur un plan perpendiculaire des masses de roches qui étaient d'abord fixées sur un plan horizontal, ce centre de gravité en équilibre sous le doigt de Dieu, ces phénomènes enfin qui ont pour effet de *tordre* pour ainsi dire dans tous les sens la surface du globe, suivant l'énergique expression de Buckland, et qui, au premier aperçu, sem-

cher à un des points les plus essentiels des études historiques sacrées, point dont tout le xviii^e
siècle, peu habile dans la science ⁽¹⁾, avait fait

blent n'offrir à la pensée que désordre et confusion, sont,
dans l'ordre physique, ce que certaines causes perturba-
trices sont dans l'ordre moral ; ils servent à l'équilibre
universel.

Si la croûte terrestre avait un arrangement moins
complexe, si les *couches primitives* fussent restées dans
leurs profondeurs, une seule surface terrestre aurait été
uniformément accessible à l'homme : dès-lors, les miné-
raux de première nécessité, *le sel gemme, la houille, les
minerais de fer, les veines métallifères* de toute nature,
les grès, et jusqu'à nos calcaires, auraient manqué à l'in-
dustrie humaine. Admirons donc la prévoyance de Dieu,
qui, par un mécanisme admirable des forces de la nature,
a voulu mettre les richesses variées de la terre à la portée de tous. Que cette réflexion, et mille autres encore que
nous pouvons faire, nous apprennent à ne jamais juger
témérairement des œuvres de Dieu : car les causes d'un
désordre apparent dans le système du monde, si nous ve-
nons à embrasser d'un seul coup d'œil les opérations pendant une longue série de siècles, nous apparaissent, dit
un écrivain anglais (*Quarterly Review*, septembre 1826,
p. 539), comme ayant eu pour résultat définitif une grande
somme totale de bien !

, (1) Voltaire, qui était bien l'expression la plus incarnée de
ce xviiie siècle, l'a caractérisé par ces mots significatifs :

... siècle d'esprit bien plus que de lumière.

Le xviiie siècle a fait un abus déplorable de cet esprit

un champ de bataille où les dispositions étaient si mal prises, que tout l'échafaudage de la tac-

pour mettre la Bible en contradiction avec une pauvre science incomplète, surtout en fait de géologie : car cette dernière science ne date pour nous que depuis peu d'années. Au reste, nous ne devons pas trop nous plaindre de cette tentative, car elle n'a fait qu'éveiller les esprits, et il en est résulté un bienfait immense : c'est l'alliance de la science avec la *théologie*, lorsque la science s'est complétée.

Toutefois, on commence à sentir que la Bible n'est pas *un traité scientifique*, et qu'elle a seulement en vue la moralité des actions humaines, mission qu'elle remplit d'ailleurs avec sublimité : or, les hommes sont ou savants ou ignorants ; mais, comme le travail pour les nécessités de la vie est leur principal lot, les savants se réduisent à un petit nombre. Soutiendra-t-on, par exemple, que les hommes simples doivent juger autrement que selon les apparences ? et voudra-t-on les forcer à redresser, par des études ou des moyens qui leur sont inconnus, des idées naturelles et venues sans effort ? voudra-t-on qu'ils se décident par l'esprit au lieu de juger par les yeux ? Leur ôtera-t-on leur simplicité et un bonheur facile, pour leur donner les déceptions et les supplices de l'érudition ? Laissons donc *ces simples* ne pas douter que le soleil ne tourne autour de la terre : leur illusion ne détruira la tranquillité ni le calme de personne. Or, les saintes Écritures sont destinées à quelques hommes savants comme à la masse entière de ceux qui vivent du travail de leurs bras. Pourquoi donc voudrait-on que ces Écritures fussent plutôt conformes à l'esprit exercé d'un très-petit nombre de

tique des philosophes a tourné contre eux-mêmes. Il n'y a qu'une manière de poser la question : Les six jours de la création, au lieu d'être
de simples jours de 24 heures, sont-ils des *pé-
riodes diverses* où, après des temps plus ou
moins longs, de grandes et successives révolutions se sont opérées par la toute-puissance de
Dieu? On peut avec d'autant plus de confiance
présenter cette idée, que des Pères de l'Eglise
l'ont conçue. « De quelle nature sont *ces jours?*
dit saint Augustin : c'est ce qu'il nous est très-
difficile ou même impossible d'imaginer, et à
plus forte raison de dire [1]. » Ailleurs, il ajou-

savants que d'être à la portée de tous les hommes? Il y a
là au moins de l'injustice, s'il n'y a pas de la tyrannie.

Pascal (voir 1ère partie, art. IV, 1, des Pensées), un des
plus éminents génies dont la France s'honore, a bien su
respecter les hautes considérations que ma voix timide
proclame en ce moment. C'est ainsi que, dans un des plus
éloquents passages des Pensées, où il démontre la grandeur de l'univers, il s'exprime, lui, le grand géomètre de
l'époque, d'après les idées populaires conformes au système de *Ptolémée*, plutôt que de ne pas imiter la Bible,
qui ne s'écarte pas du langage ordinaire des hommes.

[1] Cité de Dieu, l. XI, ch. VI, t. VII, édition des Bénédictins.

te : « Pour peu que l'on soit versé dans l'Ecriture sainte, on sait que c'est sa coutume de se servir du mot *jour* pour celui de *temps* [1]. »

La théorie des *époques indéterminées* au lieu de *simples jours* a été adoptée par le plus illustre émule de *Cuvier*, le docteur *Buckland*. Un autre savant anglais d'une grave autorité, le docteur *Wiseman*, s'exprime ainsi : « La théorie des époques indéterminées, bien que louable dans son objet, n'est certainement pas satisfaisante dans ses résultats [2]. » Cette théorie des *époques indéterminées* est donc, on le voit, facultative aux esprits les plus religieux [3] : aussi, je ne prétends pas l'imposer aux jeunes élèves ; tout ce que je puis faire, c'est de chercher à les éclairer, et de les engager pour cela à lire, avec le Discours des Révolutions du globe, par *Cuvier*, une autre œuvre de premier mérite, et

[1] Ibid., liv. XX, ch. X, n° 2, t. VII, ibid.

[2] Docteur Wiseman, Discours sur les rapports entre la science et la religion révélée.

[3] Saint Augustin, à l'occasion des grandes questions de ce genre, avait coutume de dire : Liberté dans le doute et charité en tout. *In dubiis libertas, in omnibus charitas.*

dont le titre porte : *Géologie* et *Minéralogie* dans leurs rapports avec la théologie naturelle, par le docteur *Buckland* [1]. Ces livres offriront, d'ailleurs, un grand intérêt à la jeunesse, toujours fort désireuse et fort empressée de s'instruire dans l'histoire naturelle. Le style et la pensée, dans ces ouvrages, sont constamment d'une grande élévation : aussi je les recommande de préférence aux abrégés, qui ne renferment rien pour élever l'âme et pour charmer en même temps nos jeunes lecteurs.

L'admirable récit de Moïse, les traditions, et tout ce qu'on sait de la civilisation des hommes ; d'autre part, les supputations les plus sensées de la chronologie ; enfin la *géologie,* science de faits, une des sciences les plus positives, nous affirment que l'homme et les animaux dont les espèces existent aujourd'hui sur la terre appartiennent à un dernier ordre, qui est celui de la sixième *période* de la création, ou, pour parler comme la Genèse, du *sixième jour.* L'histoire, en supputant de son mieux, et en suivant

____

(1) M. *Doyère* a donné une traduction française de cet ouvrage.

la chaîne des générations, n'a pu arriver qu'à une vérité approximative : la vérité absolue, ici comme en toutes choses, est le privilége de Dieu.

Le monde moral et intellectuel a aussi ses époques profondément marquées dans la suite des temps ; telle est l'empreinte que l'époque de l'évangélisation du Christ a laissée parmi les hommes : cependant cette ère si imposante qui fixe aujourd'hui la plus grande partie du monde civilisé, n'a pas été adoptée par les chrétiens aussitôt après le triomphe de la religion révélée : car les chrétiens de l'empire romain comptaient, comme les Romains eux-mêmes, leurs années à dater de la fondation de Rome; mais, l'an 284 après J. C., ils commencèrent par adopter entre eux une ère nouvelle appelée *ère des martyrs* ou *ère de Dioclétien,* à cause des persécutions exercées par cet empereur. Cette double manière de supputer les temps jeta de la confusion dans les anniversaires, surtout quand il s'agissait de célébrer la fête de Pâques : cela fut cause qu'un abbé de Rome, nommé *Denys-le-Petit,* proposa de compter les temps depuis la naissance de J. C. : ce fut en 532 qu'il

introduisit pour la première fois cet usage, qui
fut peu à peu adopté par les chrétiens sous le
nom d'*ère vulgaire* [1]. L'usage de cette ère commença en France au septième siècle, et ne s'y
établit bien que vers le huitème, sous les rois
Pépin et Charlemagne; et encore, tous ne commençaient pas l'année le même jour : les uns
choisissaient le 25 mars, jour de l'Incarnation;
les autres le jour de Pâques; plusieurs adop-
taient le jour de Noël, et le plus grand nombre
le premier janvier.

L'Evangile dit que Jean prêcha la quinzième
année du règne de Tibère, et que **J. C.** avait
trente ans lorsqu'après avoir été baptisé, *il commença à exercer son ministère* [2].

Mais le commencement du règne de Tibère
peut se prendre de deux époques, c'est-à-dire
depuis la mort d'Auguste, l'an de Rome 767,
ou quatre ans plus tôt, lorsque Tibère fut as-
socié à l'empire par le vieil empereur, ce qui
ferait remonter les trente ans de **J. C.** quatre

______

(1) Voir les Entretiens sur le Calendrier, par *Bœckel* et
Buchon.

(2) Ev. selon saint Luc, ch. III, v. 1, 22 et 23.

ans au-dessus de l'ère vulgaire [1]. Cette opinion
a paru la plus probable.

§ 3. S'il faut commencer l'étude de l'histoire par celle de son pays.

Sous des prétextes plus ou moins spécieux,
une question s'élève assez souvent dans le monde : c'est de savoir si l'on doit commencer l'é-
tude de l'histoire par celle de son pays. Il fau-
drait bien s'expliquer sur la préférence qui
porte certaines personnes vers les débuts par
l'histoire de France : à mon sens, ce n'est qu'un
vain patriotisme, lequel se laisse aller aux mots
plutôt qu'aux pensées : en effet, toutes les ra-
cines de notre histoire se ramifient sous le sol
de l'édifice romain ; la Gaule s'y est identifiée
à partir de la conquête de César, et elle a été
si longtemps romaine par l'influence de ses
vainqueurs, par leur législation et par le christianisme, que notre histoire n'est, à proprement
parler, qu'un rameau de cette vaste tige qui
s'étend sur le monde. Il y a profit à remonter
aux sources : car c'est en adoptant ce système,

(1) Voir l'Histoire universelle de l'Eglise catholique de
l'abbé *Rohrbacher*, savant professeur au séminaire de
Nancy.

qu'un de nos illustres historiens modernes[1] a rétabli tout l'échafaudage des deux premières races de nos rois, après de consciencieuses et patientes études sur les écrivains latins, et particulièrement sur *Grégoire de Tours*, autorité d'autant mieux choisie qu'elle est le type d'une transformation et comme le lien le plus brillant et le plus sûr entre l'époque romaine et le commencement de nos monarchies. Un autre historien, frère du premier [2], doit les aperçus neufs et judicieux de son livre de la Gaule sous l'administration romaine à l'avantage du point de vue où il s'est placé. Les deux illustres frères, dans leurs pensées scrutatrices à travers les âges, ont su s'arrêter juste vers les véritables sources de notre histoire. Déjà les *récits mérovingiens* sont une noble tâche et un magnifique jalon. Par ces heureux travaux, dont l'exécution n'est pas encore terminée, la lumière s'insinue aisément aujourd'hui à travers les deux premières races de nos rois.

Le *véridique* Mézeray ne pouvait, avant l'é-

[1] M. Augustin Thierry.
[2] M. Amédée Thierry.

poque de la troisième race, mériter l'épithète qu'on lui a conférée, lorsqu'il mettait en œuvre des matériaux diffus et incohérents : toutefois, le septième volume de son **Abrégé** de l'Histoire de France renferme des considérations fort utiles sur les temps qui ont précédé **Clovis**. Le *père Daniel* n'est peut-être pas à dédaigner au sujet de ces temps anciens, pour lesquels il a recherché de meilleures sources que n'avait fait Mézeray; et si on ne lit guère le père Daniel pour les deux premières races, c'est à tort, et par suite des préjugés qui se rattachent à sa *robe*.

La critique n'a pas fait défaut à l'histoire générale: elle a produit des œuvres transcendantes, soit sur la civilisation en France, soit sur ses libertés. Mais il ne s'agit point encore pour nos jeunes gens de ces études supérieures : il s'agirait pour eux qu'il sortît de toute cette marche progressive de notre histoire un germe fécond pour l'exposé simple et lucide des faits primitifs : or ce pas n'est point encore fait; et, comme notre histoire se lie intimement à celle de la décadence romaine, je recommande à la jeunesse de commencer par l'histoire romaine

les études qui la conduiront pas à pas à celle de
notre propre nationalité. D'ailleurs, la méthode
la plus naturelle est de bien connaître ce qui a
précédé dans la marche des temps, afin de mieux
apprécier ce qui suit. Entrer sans secousse et
sans préliminaire dans le christianisme avant
de connaître toute l'imbécillité et la fureur du
paganisme, ce n'est pas apprendre l'histoire.

Est-ce donc autrement procéder, quand on
commence ses études à *Pharamond* ou à *Mé-
rovée?*

§ 4. Des ouvrages à mettre entre les mains de la jeunesse.

Le meilleur ouvrage à mettre entre les mains
de la jeunesse, c'est *Rollin*. Il est le *La Fontaine*
de l'histoire pour la simplicité de la forme et la
richesse du fond : car il puise aux meilleures
sources, n'oublie jamais de s'étendre sur les
mœurs, religion, coutumes et arts des peuples,
et d'en faire de plus une étude comparée : il a
de plus toute la fécondité qui plaît à une jeunesse curieuse et avide de connaissances. Ce
n'est pas que le bon Rollin soit plus infaillible
qu'un autre sur l'*histoire des Egyptiens :* car
il n'y aura véritablement d'histoire égyptienne

que par les monuments, et il se forme depuis les *Champollion* et autres illustres voyageurs, une école d'exploration archéologique qui finira par changer la face de la vieille histoire égyptienne : aussi le judicieux Rollin a le mérite d'être court au sujet de ce thème, et il faut lui en savoir gré. Si les élèves veulent connaître quelque chose d'admirable sur les mœurs, les coutumes et la politique des Egyptiens, qu'ils lisent le chapitre trois de la troisième partie de l'Histoire universelle de *Bossuet* : c'est un des plus magnifiques tableaux qui existent dans notre langue.

Le bon Rollin, après avoir été un peu sobre au sujet des Egyptiens, a pris sa revanche d'une manière glorieuse dans l'Histoire des successeurs d'Alexandre, qui, partout ailleurs, est un chaos inextricable, un fatras. Il a cherché le fil conducteur dans ce dédale; il a su démêler les faits, et les a groupés de manière à les rendre intéressants pour les jeunes lecteurs. Il était difficile assurément d'apporter la clarté au milieu de toutes les intrigues et les menées de ces mille prétendants ambitieux parmi lesquels nul n'avait la main assez sûre pour ramasser la pesante épée d'Alexandre. Le bon Rollin parle tout à la fois au cœur, à l'esprit et à la raison ; son génie est comme un mélange heureux du mérite et des qualités diverses des écrivains qu'il a fait servir à son édifice. Je lui trouve l'abondance de *Tite-Live* et la sagesse de *Plutarque*. Pour le dire en passant, on réserve peut-être trop exclusivement ce dernier écrivain pour l'âge mûr : c'est l'historien le plus judicieux du monde, a dit *Montaigne :* en effet, Plutarque réclame chez son lecteur du tact et de l'expérience, mais aussi il en donne. Je voudrais donc que çà et là, et sans une persévérance trop fatigante, les jeunes gens s'y attachassent. La piquante et naïve traduction d'*Amyot* en a fait d'ailleurs, un ouvrage éminemment français. Les vieillards aiment la vérité assaisonnée comme il l'assaisonne, parce que tout ce qui est vrai, tout ce qui est ingénu, charme d'autant plus qu'on a fait plus longtemps l'expérience de la fausseté des hommes. Cette lecture où se plongeait **J.-J.** Rousseau n'a rien gâté à son style, et entretiendrait chez nos jeunes gens quelque chose d'une allure franche, vive et décidée.

C'est surtout dans l'Histoire romaine, depuis la fondation de Rome jusqu'aux empereurs, que Rollin est agréable à lire et plein de solidité. Qu'on ne s'avise pas de donner aux enfants le Rollin mutilé qui réduit l'Histoire romaine en cinq petits volumes [1]. La jeunesse se plaît aux longs récits ; ce sont les détails qui charment les enfants, et Rollin n'en laisse point échapper. Il dispense, d'ailleurs, de recourir aux sources, comme à *Hérodote*, à *Thucydide* et aux écrivains de Rome, soit pour l'histoire grecque, soit pour l'histoire romaine : car il cite continuellement les uns ou les autres ; et d'ailleurs, je ne conseillerais point aux enfants la lecture des traductions d'Hérodote, qu'on nomme le père de l'histoire : car il y a une foule de contes ; ni la lecture des traductions de Thucydide, parce qu'elle appartient aux hommes faits [2].

[1] L'Abrégé de l'Histoire romaine par l'abbé *Tailhié*. Ainsi qu'on l'a vu précédemment, je ne me suis pas montré aussi sévère sur les abrégés en ce qui concerne l'éducation des jeunes filles : la raison en est que l'histoire ne doit pas être considérée comme leur étude principale, et que leur éducation est d'ailleurs beaucoup plus simple et beaucoup plus rapide que celle des garçons.

[2] Je dis cela, parce que j'ai vu de jeunes élèves trop

Il existe dans notre langue un livre excellent pour le fond et pour la beauté du style : c'est le Voyage du jeune Anacharsis en Grèce, par *Barthélemy;* la forme en est grave et sévère. Je ne recommande cette lecture qu'aux élèves déjà sérieux et réfléchis.

Comme il y a beaucoup à lire pour un élève quand il veut marcher progressivement dans le domaine de l'histoire, il est nécessaire qu'il commence de bonne heure, à dix ans par exemple. Faites, si vous voulez, l'expérience de laisser plusieurs livres d'histoire à la disposition de l'enfant, et vous verrez qu'il préférera toujours le bon Rollin. Que voulez-vous de plus ? — Laissez-le aller à cet instinct salutaire, et vous vous assurerez un beau jour, en le questionnant, qu'il a retiré du fruit de cette lecture de son choix. Quand, après un temps assez long, votre élève aura lu Rollin jusqu'aux Césars, soyez sûr qu'il vous demandera la continuation ; mais, par malheur, le père de famille sage et judicieux qui causait tout à l'heure

pressés de lire ces livres, ce qui ne pouvait se faire que par le sacrifice de lectures plus opportunes.

avec l'enfant vient de le quitter; il laisse la charge à d'autres. Quel livre donnerez-vous à votre élève? Sera-ce la Suite de l'Histoire romaine par le comte de *Ségur* et celle du Bas-Empire par le même? Mais il faudra plusieurs écrivains ensemble pour réparer la perte du bon Rollin. Votre élève devra donc lire *Ségur,* mais avec Crévier pour l'Histoire des empereurs, et avec Lebeau pour l'Histoire du Bas-Empire. Il se fera peut-être, d'après cette méthode, un mélange heureux où la trop grande sécheresse des uns sera rehaussée par les belles formes académiques de l'autre, et que, d'autre part, ce qu'il y a de trop succinct dans celui-ci sera compensé par l'abondance de ceux-là. L'Histoire du Bas-Empire par M. de Ségur est recommandable; mais un souffle léger du xviiie siècle semble encore parfois agiter la plume de l'auteur dans l'exposé des choses du christianisme.

Toutefois, avant de commencer l'Histoire du *Bas-Empire,* je voudrais, pour l'élève, un moment d'arrêt, afin qu'il pût se fortifier dans ses lectures sur les temps de la république romaine; car après elle les mœurs deviennent bien différentes, soit pour la dignité des hommes, soit pour la dignité des choses. Je ferais donc revenir mon élève sur ses pas dans une carrière un peu plus exclusive, et qui est, au surplus, la plus intéressante, puisqu'elle concerne le jeu des différents ressorts de la politique romaine entre les époques de sagesse et les temps d'excès; et, pour cela, je ferais lire à mon élève les *Révolutions romaines de l'abbé de Vertot,* résumé excellent et d'un bon style. Là, ce qui, dans les lectures précédentes, n'avait guère occupé que la mémoire du jeune lecteur, commencera à frapper son intelligence. Après ce livre, je mettrais entre ses mains l'Histoire des Guerres civiles de la république romaine, *d'Appien d'Alexandrie,* dont il y a une traduction de *Combes-Dounous.* Ce livre achèvera de graver dans l'esprit de l'élève le sujet important sur lequel j'insiste : car le profit de l'histoire, le répèterai-je? est dans l'étude de l'organisation politique et morale des peuples : c'est là que, pour notre avantage, nous pouvons profiter de leur sagesse ou nous préserver de leurs fautes. Quel que soit le jugement qu'on puisse porter sur les autres ouvrages d'Appien d'Alexandrie, les cinq livres qui nous restent de lui sur les

guerres civiles de Rome sont un des monuments les plus précieux de l'antiquité. « S'ils
nous manquaient, dit un biographe d'Appien
d'Alexandrie, une foule de détails curieux nous
seraient restés inconnus. Appien descend dans
cette partie de son ouvrage jusqu'aux moindres
particularités; son récit est simple et sans or-
nement; mais il porte tellement l'empreinte de
la vérité, qu'on croit être témoin des événements qu'il raconte. Montesquieu a beaucoup
profité de la lecture d'Appien. »

En même temps, je ne saurais trop recommander à l'élève la lecture du sixième chapitre de la troisième partie, des Révolutions des
empires, dans l'Histoire universelle de Bossuet,
chapitre où il s'agit de l'empire romain. Dans
cet examen rapide et profond, que fait le subli-
me orateur? Il frappe, il étonne par la justesse,
la force et l'à-propos de ses réflexions. Voyez
comme il caractérise par un seul mot l'univer-
salité de la législation romaine : « Au reste, si
les lois romaines ont paru si saintes que leur
majesté subsiste encore malgré la ruine de l'empire, c'est que *le bon sens, qui est le maître de
la vie humaine,* y règne partout, et qu'on ne

voit nulle part une plus belle application des principes de l'équité naturelle. »

Après Bossuet, vient un grand maître encore dans le tableau des vicissitudes de l'empire de Rome, c'est *Montesquieu*. Je recommande instamment la lecture de son livre *de la Grandeur et de la Décadence des Romains* : il y a là de hauts et puissants enseignements, d'une trempe de style vigoureuse, nette, concise et provocatrice de la réflexion. Montesquieu s'est inspiré aux meilleures sources de l'histoire; nous verrons plus bas ce qu'il doit à *Salluste*.

On pourrait peut-être s'étonner que je recommande par morcellements la lecture de l'Histoire universelle de Bossuet. J'ai deux motifs pour cela : le premier, qu'il ne faut pas donner de résumé général aux jeunes élèves avant qu'ils n'aient lu l'histoire en détail, parce qu'ils ne peuvent saisir des généralités fugitives, capables seulement d'amener chez eux le dégoût; le second motif, c'est que le Discours sur l'Histoire universelle est un livre transcendant qu'il faut en quelque sorte réserver pour couronner l'édifice des études, en préparant toutefois l'élève, par les fragments qu'on lui donne, au désir de connaître l'ensemble un peu plus tard. On ne peut guère profiter de cet ensemble qu'à l'âge où l'on commence à comprendre Pascal, par exemple [1]. Ajournons donc cette double lecture, qui deviendra un précieux trésor si elle est bien appropriée au temps et au lieu. Il y a dans ces deux ouvrages une profonde analyse qui fait remonter, soit pour l'histoire, soit pour la philosophie et la morale chrétienne, toutes les causes à Dieu; c'est le résumé du vaste dépôt des connaissances historiques, religieuses et morales que l'élève aura accumulées auparavant dans son intelligence.

Si je n'ai pas encore parlé de l'histoire sainte, ce n'est pas que je ne la place pour notre élève en premier ordre; mais c'est que cet enseignement est le plus facile et celui où les livres abondent : toutefois, je voudrais que cet enseignement se fît dès l'enfance au foyer de la famille. Autrefois chaque maison avait sa Bible ornée d'une multitude de gravures, où les enfants s'instruisaient par les yeux comme par le cœur : malheureusement cet usage a cessé, et

[1] Le livre des Pensées.

ces livres si précieux pour l'enfance sont devenus rares. Toutefois, j'indiquerai un bon ouvrage qui n'est pourtant que l'explication de ces vieilles gravures : c'est la Bible de *Royaumont*. Les motifs de la sagesse et de la providence de Dieu y sont bien exposés. Il y a encore un autre ou-: vrage que je recommande aux pères de famille s c'est l'abrégé de l'Histoire et de la Morale de l'Ancien et du Nouveau Testament, par *Mésenguy* [1]. On se sert généralement du Petit et du Grand Catéchisme de *Fleury*. Ce livre est substantiel, sans doute, mais il est quelque peu froid et didactique. C'est dans la Bible même qu'il faut lire à nos enfants les délicieux épisodes d'*Agar* et d'*Ismaël*, d'*Isaac* et *Rébecca*, de *Ruth* et *Noémi*, de *Joseph*, de *Tobie*, etc., etc. Il y a dans la forme biblique une simplicité et une grandeur dont aucune de nos reproductions n'approchera. Faites de votre Bible l'*Homère de l'enfance;* n'ajournez point cette éducation religieuse; qu'elle soit la première et la plus suivie, et jamais le charme de vos lecture

---

[1] Ce livre a été imprimé sans nom d'auteur. Le volume qui concerne le Nouveau Testament est plus rare.

ne sortira du cœur de vos enfants : il s'y gravera comme celui de la souche de Noël, comme celui de l'étoile des mages, et comme celui de toutes les joies de famille qui auront caressé le berceau de vos chers enfants. Quand ils commenceront le latin, ne manquez pas de leur faire expliquer en son entier le petit Abrégé d'Histoire sainte de *Lhomond* [1]. Il y a dans cet exposé une simplicité infinie, et Lhomond peut, dans son genre, donner la main au bon Rollin.

Reprenons maintenant l'histoire romaine où nous l'avons laissée, c'est-à-dire après les douze Césars, après le livre de Crévier si on le préfère. Crévier était un élève de Rollin : il est loin sans doute du maître; son style a peu de grâces; mais l'auteur a un mérite réel, c'est celui du bon ordre et de l'enchaînement des faits; c'est celui de la sagesse des réflexions et de l'honnêteté des sentiments. Il faut être juste encore envers lui sous un autre point de vue : à part *Tacite*, il n'avait pour le soutenir dans son œuvre que des historiens latins secondaires; tandis que Rollin, ayant pris pour lui la fleur de

____

[1] Epitome Historiæ sacræ.

l'histoire, pouvait être embarrassé du choix des sources où il avait à puiser.

A la suite de Crévier vient naturellement Lebeau pour l'histoire du Bas-Empire : c'est un narrateur assez diffus et un critique médiocre ; mais, depuis les savantes et nombreuses annotations de *M. de Saint-Martin, de l'Institut* [1], la lecture de ce livre est devenue indispensable.

Si je ne me défiais pas un peu trop peut-être des abrégés, je conseillerais aux élèves la lecture de l'Histoire romaine de *Laurent Echard*, ouvrage anglais dont il y a une traduction fort répandue en France. Ce livre a un mérite recommandable : c'est celui d'expliquer tous les termes des différentes magistratures, fonctions diverses, dénominations particulières ou autres mots techniques : de plus, il n'y a point d'interruption dans cet excellent abrégé : l'histoire marche méthodiquement depuis la fondation de Rome jusqu'à l'établissement des *Turcs* dans la capitale du Bas-Empire. Si on met ce livre

---

(1) Histoire du Bas-Empire, par Lebeau, corrigée et augmentée d'après les historiens orientaux, par M. de Saint-Martin, membre de l'Institut. Paris, 1824.

entre les mains de la jeunesse , on pourra lui donner ensuite le **Précis de l'Histoire de l'Empire ottoman depuis son origine jusqu'à nos jours**, par *Alix* [1]. Après cette seconde partie des études historiques, il faudra revenir sur ses pas, et se résumer comme on l'a fait dans la première partie.

Je vais conseiller pour ce plan deux bons ouvrages : le premier, c'est l'**Histoire de la Décadence et de la Chute de l'Empire romain**, par *Gibbon*. Ce n'est pas un livre propre à entraîner, mais bien fait pour instruire : c'est une œuvre de discussion et de critique, et les notes

---

[1] Précis de l'Histoire de l'Empire ottoman depuis son origine jusqu'à nos jours. Paris, 1824.

Il y a, au commencement du premier volume, une explication des mots *techniques*, ce qui est fort appréciable pour tous et particulièrement pour de jeunes lecteurs. Il y a, en outre, une carte de l'empire ottoman : rien ne manque en effet, dans ce livre, aux facilités qui peuvent en rendre la lecture fructueuse. — En général, je recommande instamment aux élèves de faire marcher de front *la géographie ancienne et moderne* avec leurs études historiques : il n.: faut pas d'indécision sur les lieux, et j'engage fortement l'élève à s'attacher aux meilleurs atlas, comme celui de *l apie*, par exemple.

qui l'accompagnent [1] sont de nature à déposer dans l'esprit un fonds assuré de science historique. Toutefois, j'engage l'élève à se défier des préventions de cet écrivain contre le catholicisme. Il est, en effet, peu digne de confiance sur ce point, et voici en deux mots pourquoi : lorsque l'Histoire des Variations des Eglises protestantes, par Bossuet, parut, ce livre fit une telle impression sur l'esprit de Gibbon, qu'il abjura solennellement le protestantisme ; mais, au bout de quelque temps, un ministre protestant de *Lausanne* retourna ses idées, au point que Gibbon se rétracta. A force donc de se faire l'un et l'autre, cet écrivain ne fut ni protestant ni catholique : c'était un esprit froid, abandonné aux impressions matérielles, et n'ayant pas plus de principe fixe en religion qu'en morale.

Le second ouvrage que je recommande très-spécialement à l'élève, c'est la lecture des Annales du Moyen Age, par M. *Frantin,* de l'Académie de Dijon. Ce livre renferme la suite des événements depuis Auguste jusqu'à Charlema-

(1) Notes de M. Guizot.

gne : c'est le calme et la sagesse de l'histoire avec une forme nette, élégante et précise; on ne trouvera nulle part la physionomie de Charlemagne dessinée avec plus d'ampleur. Je considère les Annales comme le meilleur livre pour servir de transition entre l'histoire romaine et notre histoire de France.

Il faudra ensuite étudier comme on pourra l'histoire générale de France, où les bons livres manquent par les raisons que j'ai développées un peu plus haut. En fait d'abrégés tout à fait modernes, il y a une histoire, ou plutôt un tableau des siècles depuis la conquête des Francs jusqu'à l'année 1830, dont l'auteur est M. *Ozaneaux*, inspecteur général de l'université. Ce livre a été écrit par l'auteur pour ses enfants : on y trouve de l'élévation, du mouvement, et une méthode sensée : par exemple, le résumé des faits par époques séculaires offre aux élèves matière à analyse; ils peuvent comparer les progrès de l'esprit humain et de la civilisation d'une période des âges à l'autre, et faire des pauses utiles à leur intelligence et à leur mémoire, disons même à la mobilité de leur esprit.

Parmi les 25 volumes in-18 par *de Ségur*

sur l'Histoire de France, il y en a deux sur le règne de Charles VIII. J'en crois la lecture profitable, parce que l'auteur, en s'arrêtant plus sérieusement sur cette époque, a bien compris la transition du moyen âge à un grand et nouveau mouvement politique et intellectuel.

De tous les fatras de l'abbé Mably, il est resté quelque chose de recommandable : ce sont quatre volumes d'observations sur l'Histoire de France. Ce livre suppléera pour beaucoup de choses, sous le rapport des institutions et de la politique, au silence des simples nomenclateurs de faits. Au surplus, les ouvrages de haute critique sur notre législation et nos mœurs ne manquent pas comme les bons livres pour la jeunesse : l'homme mûr trouvera là-dessus, en France, d'amples éléments; mais le grand vice, dans cette France pourtant si lettrée, c'est de parler aux hommes sans les avoir préparés à le devenir. Notre histoire attend encore un bon résumé qui, embrassant les fastes des Gaules depuis les traditions connues jusqu'aux faits contemporains, entrera dans l'esprit du progrès et des réformes élémentaires, dont nos grands maîtres d'histoire, comme les Guizot, les Augustin et Amédée Thierry, les de Barante, etc., ont donné l'impulsion. Nul pays n'est plus riche que le nôtre en documents nationaux épars; mais nul n'est plus pauvre en résumés ingénieux et solides [1]. L'historien de France le plus complet et un des plus modernes, c'est *Sismonde de Sismondi*. Il est fécond et abondant, et, sous beaucoup de rapports, on pourra le lire avec fruit.

Un conseil utile à donner au jeune homme aussitôt qu'il sortira des généralités historiques pour s'attacher aux histoires particulières, c'est de se défier des systèmes. Nos révolutions et notre indifférence religieuse ont introduit dans l'histoire les pernicieuses semences du matéria-

[1] Il n'en est pas de même en Angleterre, où la jeunesse a une multitude d'excellents ouvrages élémentaires propres à la former. En me bornant à l'histoire, je puis citer ci les excellents abrégés de *Goldsmith*.

Il existe une compilation publiée à Paris, chez *Mame*, en 1834, sans nom d'auteur. Le titre est : Histoire de France depuis les temps les plus reculés jusqu'en 1830. Quoi qu'il en soit, ce livre est d'un bon exemple, parce qu'il adopte le plan des illustres écrivains qui ont sorti l'histoire de France de la vieille ornière, et qu'il remonte jusqu'aux temps les plus reculés de l'histoire de la Gaule.

lisme et de la fatalité. Au lieu de voir dans la suite des événements la providence de Dieu, on préfère adopter une force aveugle et inexplicable : il semble, à lire certains historiens philosophes, que nous ne sommes plus au temps du christianisme, que le christianisme est suranné, que le christianisme périra... Mais ces hommes ne sont-ils pas d'un autre temps? et, tout en se disant les apôtres du progrès, ne nous ramènent-ils pas en arrière? Ne sont-ils point, en secret, de cette école bouffonne qui nomme Dieu la nature, et la Providence le destin? Il y a un remède efficace et un antidote contre ces dangereux rêveurs : c'est la lecture, cette fois complète, de l'Histoire universelle de Bossuet et d'un grand nombre des autres écrits de cet athlète prodigieux du christianisme [1]; et, si notre élève veut m'en croire, il y aura recours toutes les fois qu'il sentira son esprit ébranlé, et apercevra le péril qui peut le menacer dans cet âge douteux encore pour la force de la raison et pour la soli-

---

[1] Tels que les Elévations sur les Mystères; — les Méditations sur l'Evangile; — les Traités du Libre Arbitre et de la Connaissance de Dieu et de soi-même; — l'Exposition de la Doctrine de l'Eglise catholique, etc.

dité de la foi; mais pourquoi craindre ce mal?
Notre élève a été élevé chrétiennement dès sa
tendre enfance, et il a déjà nourri de bonnes
lectures sa raison et surtout son cœur. Malgré
ces précautions, si malheureusement il s'emporte dans les écarts de ses vingt ans, il revien·
dra au bien, il y reviendra par le souvenir même
de son angélique enfance; il y reviendra par la
nécessité d'être heureux; il y reviendra par la
foi, par l'espérance, et par le charme ineffable
que donne la vertu quand on l'a une seule fois
recueillie dans son cœur.

Tout ne sera pas fait pour notre élève lorsqu'il aura terminé ses lectures; mais il sera déjà
avancé dans ses études de latinité, et ce temps
sera pour lui l'époque véritable du progrès. Le
jeune homme formera dès lors sa raison et son
style dans l'étude des historiens latins, qui sont
les plus grands modèles littéraires. Qu'il lise alors
et relise la Conquête des Gaules, par *César :* c'est
le plus beau monument de narration facile,
concise et élégante que nous ayons : il y ap-
prendra à être sobre et retenu, à raconter les
événements avec simplicité, et à ne s'attacher
qu'à ce qui frappe et mérite l'attention. Ce livre

est la conquête du genre : cependant, comme il faut surtout s'attacher à l'histoire comme étude des mœurs, et qu'il s'agit ici de faire un choix judicieux, je crois devoir conseiller à l'élève de faire sa lecture favorite de *Salluste*. J'ajouterai qu'à mon sens l'étude réfléchie d'un livre unique, quand c'est un modèle accompli, est mille fois préférable à la lecture rapide d'un grand nombre d'autres. C'est dans cette intime pensée que je vais examiner ici Salluste, autant comme habile peintre de mœurs que comme chef d'école.

§ 5. De Salluste et de ses imitateurs.

Salluste a un début grave et profond, il peint à grands traits ; il ne traite rien d'une manière oiseuse, et son récit est toujours vif ; c'est peut-être dans Salluste que *Montesquieu* a puisé son idée que la vertu est le principe de toute république [1] ; mais c'est sans contredit dans cet historien qu'il a pris sa manière brillante, nerveuse et concise. Les historiens sont venus tard chez les Romains, parce que, selon

[1] Et ut paulatim immutata (respublica) ex pulcherrima et optima pessuma ac flagitiosissima facta sit.

Salluste même, tous les bons citoyens préféraient le bien faire au bien dire. Salluste paraît oublier ici sa propre dégradation par l'hommage qu'il rend aux vertus antiques : ce phénomène, au surplus, n'est pas rare dans les siècles de corruption, où l'on voit les hommes se tolérer entre eux les plus grands écarts, tout en invoquant la morale.

Quant à la forme, l'Histoire de la Conjuration de *Catilina* est un des plus admirables modèles de style qui existe : quelle vigueur éclate dans le tableau de la jeunesse de cet homme! quels regards sanglants! Comme il est secoué par les tortures de son ambition! Comme il respire tout entier dans ses discours! Quelle audace ouverte et peu soucieuse des précautions et des formes oratoires! On voit qu'il commande aux brigands de la société, si l'on peut dire ainsi : car du doigt il montre leur proie à ces hommes altérés de pillage, et offre, soit de leur donner l'exemple comme soldat, soit de les guider comme général.

Catilina possédait une éloquence âpre et très-appropriée à ses mœurs, s'étant exercé, comme tous les Romains de quelque rang, à cet art de bien dire, qui était comme l'essence de la république : en effet, on ne pouvait atteindre les honneurs sans ce puissant moyen, ni lutter sans lui, soit contre l'orgueil des nobles, si l'on naissait plébéien, soit contre les empiétements du peuple, si l'on naissait patricien.

Le portrait de *Sempronia* décèle une de ces femmes qui ont abjuré toute pudeur, et qui, afin de donner le change sur elles, s'élancent avec frénésie dans les voies audacieuses [1].

Catilina, pour frapper un coup étourdissant, prépare le meurtre public de *Cicéron*, et le fait assiéger dans sa propre maison, comme si, devant les tentatives de Catilina, toute protection devenait impuissante à Rome. En effet, les fureurs d'un seul jettent la république dans la stupeur... Qu'on lise le sombre tableau de ce lâche silence qui tient Rome enchaînée; qu'on apprécie tout ce qu'il fallait d'audace pour affronter ce que chaque citoyen respecte, c'est-à-dire la majesté des lois; qu'on voie Catilina, plus impétueux encore après l'impunité, braver le sé-

[1] Psallere et saltare elegantius quam necesse est probæ, etc.

nat, narguer les clameurs généreuses, se dérober sans peine et sans danger pour sa personne au mouvement qui se manifeste contre lui, annoncer, en se retirant, des projets de vengeance, et accomplir à la face de tous une levée de boucliers que la puissance publique ne peut prévenir!

Dans tous ces détails, Salluste est brillant et rapide. On pourrait seulement lui reprocher de ne rien dire de l'éloquence foudroyante avec laquelle Cicéron interpelle l'audacieux ennemi de l'État. C'est une partialité évidente, et une violation de l'histoire.

Le président de Brosses [1], dont la Vie de Salluste semble être un de ces beaux modèles de littérature antique transmis jusqu'à nous, a

______

[1] Président du parlement de Bourgogne, et l'un des hommes qui étaient au milieu du xviiie siècle l'honneur de l'académie de Dijon et des lettres bourguignonnes. Un nom comme celui du président de Brosses, et bien d'autres noms encore dont l'illustre ville de Dijon pouvait s'enorgueillir au xviie et au xviiie siècle, devraient lui rendre chères ses *traditions académiques*, et la porter à encourager l'avenir.....; mais, au milieu de tous ses beaux palais, c'est à peine si l'académie a un asile pour ses travaux.

bien su réparer le vide dont nous nous plaignons : il raconte, avec une profondeur de pensée digne de Salluste lui-même, la belle conduite et le courage du consul.

Il est facile de comprendre, par ses récits nets et vigoureux, que le président de Brosses s'était longtemps nourri des études solides de l'antiquité, et particulièrement de Salluste. On n'a plus aujourd'hui, malheureusement, ce goût profond d'étude et de méditation d'un livre!

Revenons à Catilina. — Au milieu des guerres intestines suscitées par lui, tout ce qu'il y avait d'impur à Rome était pour cet agitateur : car toujours, dans la cité, ceux qui n'ont rien portent envie aux bons citoyens, excitent les mauvais, ont en haine l'ancien ordre de choses, en désirent un nouveau, et veulent tout changer [1]. Mais, voyez la mobilité de ce peuple! Cicéron, ayant réussi à saisir tous les fils de la conjuration au moyen d'adroites entremises, vit tout à coup la foule briser sa propre idole, détester les perfides suggestions de Cati-

____

[1] Nam semper in civitate quibus opes nullæ sunt, bonis invident, etc.

lina[1], et élever Cicéron aux nues. Oh! la plaisante admiration que celle de la foule, qui varie selon le succès, et donne l'ovation à celui contre lequel on enflammait tout à l'heure ses haines et sa fureur!

C'est là que les récits de Salluste ont du mouvement! On assiste pour ainsi dire à toutes les péripéties de ce drame : ainsi, dans le tumulte, mille préventions viennent peser sur les hommes les plus graves, sur *Crassus,* par exemple, citoyen considérable par sa naissance, ses richesses et son crédit, sur *César* lui-même, que les chevaliers, trop prévenus et trop excités par l'extrême péril de la république, menacent de la pointe de l'épée.

Les deux discours de *César* et de *Caton* nous semblent tenir leur place parmi les plus beaux modèles d'éloquence, l'un pour détourner la rigueur des lois, l'autre pour réveiller ces lois de leur assoupissement. Ainsi que cela devait arriver quand les passions fermentent, la fermeté de Caton l'emporte sur la pusillanimité de César, et l'édit de proscription est prononcé.

[1] Mutata mente, consilia exsecrari. Ciceronem ad cœlum tollere, etc.

Salluste ne se borne pas à mettre ces deux grandes physionomies politiques en scène; il en esquisse les traits avec cette précision rapide et sûre qui saisit à la fois l'ensemble, les détails et les oppositions : de telle sorte que le parallèle s'établit entre les deux, trait pour trait.

Si Catilina pouvait se faire pardonner ses attentats, il y aurait réussi par son grand courage dans l'infortune et par son intrépidité dans la guerre : car, avec un petit nombre de vétérans fidèles, il affronte *Métellus Céler*, dont les forces étaient considérables; il l'attaque à l'épée; et lui, et ses intrépides partisans, tombent tous frappés en face et sans avoir cédé un pouce de terrain. Quel tableau animé que celui de cette guerre civile! et combien j'engage les jeunes gens à étudier de tels modèles!

La Vie de Salluste, par le président de Brosses, n'est que le titre modeste d'un récit animé des mœurs et des événements intimes de la cité romaine à l'époque de cette histoire. *L'écrivain bourguignon* ne lutte pas d'une manière ordinaire avec son modèle : il l'atteint, et le complète en retraçant tout ce que Salluste avait passé sous silence.

Ce dernier décrit les mœurs en général : son habile imitateur peint les hommes en particulier d'une manière ingénieuse, et en mettant en scène son propre émule : il trouve dans la vie privée de l'écrivain latin les causes mystérieuses de cet incroyable silence où ce dernier nous a laissés sur le compte de Cicéron dans la conjuration de Catilina ; il fait voir les relations mal intentionnées de Salluste avec *Clodius*, ce violent ennemi du sénat, et dévoile les sourdes menées de ces deux hommes fougueux, travaillant de concert à réhabiliter *Céthégus* et autres complices de Catilina, tant était forte leur aversion contre l'ordre des patriciens.

Le président de Brosses portait empreint dans son âme ce caractère de solides vertus, partage ordinaire de la plupart des chefs de parlement qui jetaient tant d'éclat sur leur compagnie. Jamais le président de Brosses n'a été dupe de son esprit au milieu de son admiration la plus profonde pour Salluste ; au contraire, une contradiction l'affligeait, et, séduit par le tableau de la dégradation romaine, il dut s'indigner que cette éloquence qui la lui révélait se fût élancée aussi vigoureuse et aussi poi-

gnante d'une âme vile et corrompue. Il essaya
donc de remonter aux sources; il examina tous
les personnages de cette scène, les scruta au
vif, interrogea leur vie intime, et sut faire enfin, avec l'impartialité d'un dépositaire de la
justice humaine, deux hommes de ce Salluste
qui pensait comme Caton et agissait comme
Catilina. Il démasqua Pompée même, qu'une
astucieuse politique unissait à Clodius en dépit
de l'insurmontable gravité des mœurs de quelques derniers débris des vertus républicaines;
il plaignit le sort de la cité assez déchue pour
oser conférer des honneurs aux ennemis de
Cicéron et de Caton, et fit une vive peinture
des camps et de l'affreuse guerre civile au milieu du *forum*.

L'épisode inouï du meurtre de *Clodius* vient
s'encadrer avec une merveilleuse facilité de récits à tous ces graves événements où la liberté
romaine exhalait son dernier souffle. D'étranges perturbations agitaient cette ville de l'univers dans le même temps que les extrémités
éloignées de son vaste empire demeuraient
calmes et soumises. Des palais incendiés par
l'émeute éclairaient les funérailles de Clodius,

et une foule innombrable inondait les alentours de cette maison mortuaire pendant que des sénateurs y périssaient étouffés, et que l'*assassin*[1] osait, à la lueur des incendies, se montrer en triomphateur. L'origine de la puissance de Pompée est tout entière dans ces épouvantables désordres : en effet, le calme ne pouvait plus renaître que lorsque l'ambition des agitateurs serait assouvie, et c'est alors que Pompée fut revêtu du dangereux pouvoir *d'entre-roi*, et que Salluste devint *tribun.*

Une remarque a échappé au président de Brosses : c'est que l'immoralité publique, le mépris public des vertus, le luxe effréné des richesses, le lustre éclatant des vices enfin, étaient devenus si monstrueux, que la mode consistait à suivre ce torrent, et même à le dépasser. Salluste sait bien faire pressentir ces mœurs par ces quelques mots : « La pauvreté était une honte, et l'innocence était taxée de *malveillance* [2]. »

Quand la vertu fait ombrage, c'est le premier

----

[1] Milon.

[2] *Paupertas probro haberi, innocentia pro malevolentia duci cœpit.*

degré de la corruption ; mais quand elle passe pour *malveillance!*... qu'on descende dans l'histoire; qu'on lise Tacite; on verra, sous les Tibère, les Néron et les Domitien, un pouvoir ombrageux se noyer dans le sang des citoyens de toutes classes, sur le seul soupçon de cette étrange *malveillance!*... Il ne faut pas s'en étonner, puisque au temps de Salluste les mœurs publiques commençaient à atteindre, par un accroissement subit, cet épouvantable niveau. Catilina, *le héros de Salluste,* avait donné l'exemple à une jeunesse effrénée : le mouvement désorganisateur était donné d'en haut, et cette fois ce n'était pas la vile multitude, c'était la vile noblesse patricienne qui se ruait dans l'émeute contre l'ordre et les lois! Les mœurs étaient aussi déplorables que l'indiscipline, puisque, malgré le relâchement forcé des rigueurs habituelles, Salluste lui-même eut une note d'infamie, et fut exclu du sénat pour le scandale de sa vie : toutefois, ses qualités militaires et son audace le firent rechercher de César; il fut nommé questeur, et en profita pour dilapider les deniers publics dans les provinces dont il a si bien fait l'histoire. Il ne recula devant aucune turpitude : car on le vit, par un mariage insolite, unir sa haine contre Cicéron à celle de la méprisable *Térentia,* dont le consul s'était séparé par divorce. Ses immenses richesses furent une accusation continuelle de ses audacieuses concussions, et plusieurs quartiers de Rome figurent maintenant dans l'enceinte de ses fastueux jardins. Il acheta le silence et la protection de César ; il éleva en crédit tous les dévergondages ; et, si sa plume les a si bien retracés, c'est qu'il en a été le héros.

Salluste n'a pas seulement fécondé les écrits du président de Brosses, il a inspiré de plus le génie de Montesquieu. Ce dernier, aussi président d'un parlement [1], se livrait aux études solides de l'antiquité : son immense érudition dans les doctrines du droit, son esprit profond d'analyse et son goût pour la haute philosophie de l'histoire lui firent un besoin de réunir toutes les richesses de la science en un faisceau lumineux de principes : quant à sa manière d'écrire, on peut dire de lui qu'il est le Salluste français :

[1] Celui de Bordeaux.

son modèle a censuré les mœurs de Rome avec une touche vigoureuse et sévère ; lui, il a fait une critique enjouée des mœurs françaises [1]. Cependant, si, dans les *Lettres persanes*, son pinceau est agréable et léger, il est en même temps hardi, et révèle l'école où Montesquieu essayait de façonner sa plume ; mais c'est dans le livre *de la Grandeur et de la Décadence de Rome* qu'il rivalise ouvertement avec son illustre émule latin. Cette fois, l'écrivain dérobe à Salluste son burin pour graver toute la vie romaine, et laisser au monde un monument comparable à ces glorieuses colonnes qui mettent en action, dans leurs spirales d'airain, certaines pages éclatantes de l'histoire d'une époque : Ainsi, Montesquieu a rendu ce magnifique ensemble dans une multitude de petits tableaux achevés, où le trait, occupant peu de surface, offre constamment, par un merveilleux secret de l'art, une saillie et une profon-

______

[1] Personne n'a moins ménagé l'académie française (lettre 75), et personne n'a été accueilli avec plus d'empressement dans son sein : c'est une preuve que les gens d'esprit savent accepter la critique avec autant de sagesse que les éloges.

deur qui subjuguent. On pense bientôt de **Mon-**
tesquieu ce que Martial pensait de Salluste :
« Aucun écrivain au monde n'a dit plus de
choses en moins de mots. » Martial était bon
juge, et pratiquait dans son genre ce qu'il ad-
mirait si judicieusement dans un autre.

Voici un jugement porté par Montesquieu,
qui le définit tout à coup lui-même dans sa pit-
toresque et gracieuse concision : « J'ai du re-
gret de voir *Tite-Live* jeter ses fleurs sur ces
énormes colosses de l'antiquité : je voudrais
qu'il eût fait comme *Homère*, lequel néglige de
les parer, et sait si bien les faire mouvoir : cependant, cette critique sur Tite-Live est peut-
être un peu sévère de la part de Montesquieu,
lequel laisse bien aussi parfois des parcelles de
clinquant sur les graves empreintes de cette
même antiquité : quoi qu'il en soit, rien n'é-
gale la majesté du tableau que le livre de la
Grandeur et de la Décadence de Rome a tracé
de cette double époque. D'une part : longani-
mité et patience inaltérable; magnanimité,
respect pour les usages des vaincus; religion du
serment, culte de la discipline, etc., etc.; en un
mot, toutes les vertus qui fondent et immor-

talisent une république; puis, d'autre part, au sommet de cette gloire, et comme au delà de ces bornes posées apparemment à la perfectibilité humaine : cupidité, avarice, subtilité, astuce, oubli du droit des gens; trafic des injustices, mépris des mœurs, luxe sans frein, affaiblissement de l'autorité par la prépondérance des richesses; guerres intestines, indifférence de la gloire nationale; et bientôt, décadence complète; force et courage revenant aux vaincus; mollesse, abaissement et humiliation déshonorant les vainqueurs; partage de leurs dépouilles; et enfin un nom seul, un nom, mais retentissant sur un magnifique mausolée! On ne peut lire cet imposant raccourci de toutes les vicissitudes des empires sans se sentir remuer jusqu'au fond de l'âme par cette double scène palpitante de grandeur et d'abaissement.

Le privilége de Salluste et de Montesquieu, c'est de peindre d'un trait : ainsi, dans le premier, s'agit-il de *Jugurtha :* « C'est un roi magnanime qui, dans les adversités, tel qu'un lion qui regarde ses blessures, n'en est que plus indigné. » Chez le second, s'agit-il de la mesquinerie d'idées du trône d'Orient : « Une bigoterie universelle abattit les courages, et engourdit tout l'empire. » — « Les bleus et les verts, cette mascarade politique, le scindent en deux camps jaloux et sanguinaires. » — Le parallèle de Caton et de Cicéron, ces deux derniers pivots des vertus républicaines, a été inspiré à Montesquieu par le parallèle de Caton et de César, tracé de la main de Salluste : c'est la même grandeur de style, la même concision et le même jet. Quelques lignes suffisent à Montesquieu pour établir la différence de politique de *Sylla* et d'*Auguste,* et l'exposé succinct des actes du premier, et les réflexions qu'ils amènent, exciteraient les vives sympathies du plus profond diplomate. On ne peut rien lire de plus achevé que l'esquisse de Trajan : le lecteur y respire un parfum de félicité publique. Habitué à n'apercevoir dans *Attila* qu'un barbare, un fléau de Dieu, le lecteur s'étonne de voir ce prétendu chef de hordes dessiné à si grands traits dans le livre de la Grandeur et de la Décadence. Montesquieu dépiste, au sujet du roi des *Huns,* les routiniers de l'histoire : car il parle de la grandeur de ce barbare et le réhabilite comme on ne s'y attendait point. On ne saurait trop admirer chez notre Salluste français la hauteur et l'indépendance de la pensée : il ne critique pas dogmatiquement, mais il renverse d'autorité et sans coup férir toutes les fausses croyances, tant il a su conquérir de force et d'infaillibilité à l'aide de ses profondes études. C'est ainsi qu'il trouve dans le caractère d'une nation belliqueuse, comme celle des Romains, une cause suffisante d'excuse pour *Annibal* de n'avoir point assiégé Rome après la *bataille de Cannes.*

Ce sont les premiers chapitres du livre de la Conjuration de Catilina, chapitres où Salluste expose brièvement, mais avec une verve entraînante, les mœurs primitives de Rome et leur décadence; ce sont, je le répète, ces premiers chapitres qui ont inspiré à Montesquieu son magnifique ouvrage des Considérations sur les causes de la Grandeur et de la Décadence des Romains. Tout en prenant l'idée fondamentale, il acceptait la forme, et mélangeait la grâce et la facilité de son propre style à la concision nerveuse de Salluste. Il y a joint, de plus, les trésors d'une vaste érudition, et cette foule de rapprochements que lui fournissait son esprit vif, hardi et éminemment logique.

Malheureusement, quelque judicieux que soit Montesquieu, il a cédé à l'influence de son époque [1] : car certaines pages sorties de sa plume portent l'empreinte de la frivolité et du persiflage anti-chrétien du XVIIIe siècle. Ainsi, les *Lettres persanes* renferment l'apologie du suicide [2]; elles outragent l'institution séculaire et sacrée de la papauté [3]; elles insultent au caractère vénérable des évêques français [4], que l'Europe a cités de tout temps comme des modèles de vertus chrétiennes; elles tournent en dérision les pratiques religieuses [5], et, par un langage libre et passionné, elles blessent la sainteté des bonnes mœurs. C'est la manière du XVIIIe siècle de vouer au ridicule tout ce qui avait été pendant quatorze siècles l'objet de la vénération publique, et d'empoisonner jusqu'à la morale par la liberté des peintures et la licence des tableaux [6]. Seulement, il semble que

(1) Montesquieu, né au château de la Brède, près de Bordeaux, en 1689, est mort en 1755.

(2) Lettre 76.

(3) Lettre 24.

(4) Lettre 29.

(5) Lettre id.

(6) Les mauvais livres portent toujours de mauvais

Montesquieu, en payant à sa funeste époque un aussi triste tribut, n'ait pas osé se servir contre la religion et la morale des forces imposantes de son génie, et que ce ne soit que par une sorte de mode, et à l'imitation des libertins du xviiie siècle, qu'il ait compromis son caractère, sa dignité et sa haute raison, en jouant ainsi avec ce qu'il y a de plus grave et de plus sacré parmi les hommes.

Pour en revenir à Salluste, il n'a été question jusqu'ici que de la Conjuration de Catilina; mais c'est dans l'Histoire de la Guerre de *Jugurtha* qu'apparaît surtout le génie vif et diversifié de ce prodigieux écrivain. Parcourons rapidement ce second chef-d'œuvre : toutefois, nous serons plus d'une fois tentés de nous arrêter sur quelques traits brillants.

L'Histoire de la Guerre de Jugurtha commence par des réflexions philosophiques sur la

fruits, et certains auteurs illustres sont, plus qu'on ne le croit, les complices des grossières exagérations qui se produisent après eux. Je n'oserais pas affirmer que certain ouvrage monstrueux de notre temps (*les Mystères de Paris)* ne soit pas un affreux mensonge sorti en habits grotesques et prétentieux des flancs des Lettres persanes.

dignité de l'homme dans l'emploi de son intelligence : entre tous les exercices de nos facultés, l'écrivain donne la préférence à l'étude de l'histoire, et il entre en matière. Dès les premiers mots sur Jugurtha, l'on a apprécié cette physionomie largement caractérisée, et l'on s'attend à d'illustres hasards.—Mélange de courage, d'agréments, de sagacité, d'astuce, de souplesse, de ruse et de férocité, ce type était habilement choisi pour l'histoire. Un écrivain ordinaire aurait profité de toute cette suite de tragédies et de meurtres des fils de *Micipsa* pour viser aux sombres tableaux ; mais on peut admirer ici la sobriété de Salluste. Il n'y a rien de plus vif que ses récits, et l'on se trouve tour à tour, et par de sages transitions, transporté sur les champs de bataille et sur la place publique de cette puissante maîtresse de l'univers, que la rouille de la cupidité ronge, détruit et déshonore.

Les envoyés de ce prince impatient sèment la corruption ; et lui, dont on ne parlait d'abord qu'avec indignation, acquiert tout à coup la faveur et l'affection des nobles. *Adherbal,* son compétiteur, prononce devant le sénat un

long discours inutile ; *Jugurtha* prodigue l'or
et parle peu : il triomphe donc, et les dépouilles d'*Hiempsal*, première victime royale de Jugurtha, sont partagées entre Adherbal et lui.

Salluste décrit l'Afrique à son lecteur avec
la précision d'un géographe, et cet historien
nous intéresse d'autant plus encore aujourd'hui
que nous devons avoir du penchant à faire connaissance avec ces contrées doublement célè-
bres, où Jugurtha portait si déloyalement le
ravage et la guerre, et qui sont devenues pour
nous un théâtre d'émulation et de nobles succès.

Sur les plaintes d'*Adherbal*, on voit se dé-
chirer le voile qui couvre toutes les menées,
les temporisations, et la justice lente et calcu-
lée des vils sénateurs achetés par l'or africain.
Un seul homme, *Memmius*, citoyen probe et
ardent à poursuivre les malversations, essaye
de dévoiler toute cette intrigue, pendant que
Scaurus, un consul, se laisse indignement acheter. La harangue courageuse du tribun Memmius console un instant, par le spectacle d'une
vertu publique, de l'étalage impudent de cette
infâme corruption.

Cependant le peuple décrète que le préteur *Cassius* amènera Jugurtha devant le peuple romain, sous la garantie de la foi publique. Jugurtha se présente avec sa fermeté inébranlable, et gagne à prix d'or le tribun *Bœbius ;* alors l'incertitude recommence ; les inculpés et la noblesse reprennent de l'assurance, et, au milieu de ces déshonorantes hésitations, un petit-fils de *Massinissa,* qui donnait de l'ombrage au prince numide, est audacieusement massacré par ses ordres dans Rome même : cependant la foi romaine, encore inaltérable et sûre dans son hospitalité, rend Jugurtha inviolable, et il peut partir en s'écriant : « O ville vénale, tu seras au premier qui pourra t'acheter. »

Avec quelle adresse Jugurtha conduit la guerre contre le consul *Albinus !* Il gagne les troupes de son ennemi, attire le lieutenant du consul au milieu de régions écartées et difficiles, remporte une victoire signalée, dicte des conditions infâmes pour des armes romaines, et jette Rome dans l'humiliation.

A ces nouvelles, chaque parti s'accuse ; les déchirements renaissent, et l'oisiveté et l'orgueil, ces fruits dangereux de la splendeur, di-

visent la cité en parti populaire et en parti séna-
torial. **Les développements concis de Salluste
sur ces tiraillements de la république forment
une des plus belles pages de cette histoire. Quel
dommage qu'on ait perdu la plus grande partie
de ce qu'il a écrit!** Les ravages du temps ont
tronqué le musée de ce Michel-Ange de l'histoire : car on sait que Salluste avait décrit l'in-
tervalle des quatorze années qui se trouvent
entre les deux magnifiques épisodes qui nous
sont restés de lui. Il est, avec Tacite, le plus
habile historien politique de tous les temps; il
fait toucher du doigt les causes de la décadence;
il montre avec une rare vigueur l'insatiable
avidité des grands, l'esprit universel d'envahis-
sement, l'outrage prodigué aux humbles, la
récrimination et les haines, et cet édifice imposant de la société romaine flétri, déshonoré,
dévasté [1]!

Métellus est enfin opposé à Jugurtha, et la
discipline rétablie : dès lors le prince africain
comprend qu'il a un ennemi redoutable, et
songe à l'affaiblir par de continuelles attaques.

[1] Invadere, polluere et vastare omnia.

Il y a là un beau récit de bataille entre les Romains et les Numides, vers le fleuve *Muthul,* lieu où les premiers achetèrent chèrement une victoire contestable. Nos soldats qui font aujourd'hui la guerre en Afrique peuvent se convaincre, en lisant les pages de Salluste, que les mêmes tactiques de guerre dont parle cet historien sont encore en usage chez les Arabes de l'Algérie, pour les surprises, le harcèlement, l'agilité, la fuite précipitée, les attaques imprévues, l'inconstance des soumissions, l'amour des discordes et du changement, la haine de la paix et de l'inaction.

Malgré la circonspection de Métellus, Jugurtha et sa cavalerie numide se précipitent inopinément sur les flancs de l'armée romaine et l'entament. On ne sait ce qu'il faut admirer le plus, ou des ruses inépuisables de Jugurtha, ou de la prudence et du sang-froid de Métellus. Vous eussiez vu, pendant le siége de *Zama,* lorsque l'attaque se ralentissait, les assiégés suivre chaque phase du combat qui avait lieu sous les murs; tous les corps en action répéter les mouvements et les gestes des alliés, et leur attitude respirer l'attitude mobile et successive de la défaite ou de la victoire. Enfin Métellus lève le siége de Zama; lui-même veut essayer la corruption et tenter *Bomilcar*, ce Numide en apparence si dévoué, et lié à son maître par une attache de sang [1].

L'or est souverain : d'après les conseils de Bomilcar, devenu traître, Jugurtha va se soumettre, et paye d'abord trois mille marcs d'argent à Métellus; mais cette âme fière rebondit bientôt sous le premier pli d'une humiliante servitude, et il ne tarde pas à reprendre son courage et son inflexibilité : car une circonstance lui vient en aide, c'est le départ de *Marius*.

Marius, lieutenant de Métellus, mu par l'ambition de supplanter son général, s'échappe de l'armée romaine : on le voit suivre les sentiers tortueux de la brigue, s'assouplir aux perfides suggestions du mensonge et de la mauvaise foi, semer les inculpations adroites, faire passer ses forfanteries à l'aide de sa gloire et de son habileté personnelle dans la guerre de Mauritanie, préparer la lassitude et l'inconstance

____

[1] C'est *Bomilcar* qui, à l'instigation de Jugurtha, avait poignardé le prince numide *Massiva* dans Rome même.

sur Métellus, flatter et caresser une classe de commerçants nombreuse à *Utique,* et dont la popularité vulgaire accroîtra rapidement son crédit sur la multitude; on le voit enfin arriver à Rome, tout précédé d'une réputation moitié vraie, moitié bariolée de charlatanisme.

Pendant ce temps-là le rusé Numide, d'autant plus emporté qu'il avait été plus près de l'humiliation, attire à un repas de concorde, dans la ville de *Vacca,* des tribuns, des centurions, une foule de soldats, et les fait égorger au milieu du festin. Enflammé de cette indignation qui donne une audace soudaine, Métellus part sans délai avec une légion; il va, la nuit et le jour, par des voies détournées, et tombe à l'improviste sur cette ville perfide encore fumante et enivrée du sang des Romains. La ville entière disparaît sous une vaste ruine, et *Turpilius,* commandant de cette place, expie sous la hache le crime d'avoir échappé seul au massacre de ses soldats.

Qu'on lise dans notre immortel écrivain la conspiration de *Bomilcar* et de *Nabdalla.* On y verra avec quelle profondeur Salluste fouille dans les replis de l'âme, et par quels astucieux

détours un traître [1] peut acheter sa justification;
on y verra avec quelle profonde dissimulation
un prince à qui rien n'a résisté jusque-là peut
prendre un visage affectueux au moment même
où la certitude d'être trahi le plonge dans les plus
affreux déchirements, où le moindre bruit le fait
tressaillir, où il s'éveille au milieu des nuits en
poussant des cris de rage et d'effroi, où il change cent fois de lieux, et ne voit plus que des
poignards dans les mains de ceux vers qui son
âme s'était recueillie, de ceux avec lesquels il
croyait avoir fait l'échange d'une amitié d'é-
preuve! Qu'on lise cette courte et éloquente description! Que l'on écrive avec cette épargne,
avec ce dédain d'ornements, avec ce discernement exquis de la véritable grandeur!

Mais changement de tableau et impressions
nouvelles!...

Tout à coup, au milieu des victoires du général romain, son lieutenant Marius, *homme
nouveau*, le cœur tout gonflé d'une grande victoire plébéienne [2], vient supplanter Métellus

(1) Nabdalla.
(2) Il venait d'être élu consul.

dans son gouvernement de Numidie; et cependant Métellus, ayant la force en main, respecte les décisions du peuple, laisse ses triomphes et sa gloire à Marius, et dévore en silence, au milieu des regrets de son armée, toute l'amertume de cette injustice. Métellus donne ainsi un grand spectacle au monde; mais ce sera le dernier de ce genre : car son successeur n'imitera pas cette magnanimité, et les bonnes traditions qui faisaient la grandeur de Rome sont bien près de leur déclin. Par un de ces justes retours des vicissitudes humaines, Sylla paraissait alors dans l'armée de Marius plus humblement encore que n'avait fait ce dernier parmi les légions de Marcellus. On devine ce que deviendra un jour Sylla, par le portrait qu'en trace l'historien.

Cependant Marius se rend digne de sa haute mission. La prise de la ville de *Capsa*, et surtout celle d'un château fortifié, dernier refuge de la puissance croulante de Jugurtha, sont des faits inouïs d'audace et de fortune guerrière. Salluste raconte le siége de cette forteresse : quelle description! On suit ce *Ligurien* hardi et curieux au travers des branches de cette yeuse, sur les pointes de ce rocher, pendant les clameurs peu éloignées d'un combat furieux. On le voit, oubliant tout à coup une recherche puérile, s'arrêter, se recueillir, observer le plateau, les alentours, s'assurer des passages, et devenir en un moment le seul vainqueur inconnu de tant d'hommes et de tant de fortunes. Le génér. l reçoit cette confidence, et bientôt dix auxiliaires intrépides suivent le Ligurien à une nouvelle escalade. On les voit monter, s'aider, se soulever, attacher leurs cordes, s'encourager du geste et en silence; on éprouve leurs angoisses, leurs fatigues ; on sent naître en soi la confiance que leur guide excite en eux : ils arrivent! Et tout à coup dix hommes jettent la terreur dans une multitude surprise, et décident la victoire. Salluste semble omettre, comme chose ordinaire, le récit du massacre de cette armée si confiante en sa position. Il s'arrête juste au point où l'imagination peut suppléer, et, comme un grand peintre, il laisse de côté les détails vulgaires.

Jugurtha et Marius sont deux adversaires dignes l'un de l'autre : l'un mu par un désespoir terrible; l'autre, par ses triomphes récents. Le

courage et le sang-froid de Marius brillent surtout dans une attaque imprévue de Jugurtha;
mais, par de sages dispositions du général romain, la victoire surgit soudain du sein de la
défaite. La vigilance de Marius s'accroît de cette
épreuve, et, sans oublier qu'il est général, il
accepte les charges du dernier soldat. Jugurtha,
aussi infatigable, tombe de nouveau à l'improviste sur l'armée romaine; il se précipite
partout où il y a de la gloire et du danger; il
montre son épée sanglante, et s'écrie qu'il a tué
Marius. Les Romains fuyaient, lorsque leur général les rallie et triomphe encore. La défaite
fut sanglante, parce qu'elle tombait sur des vic-
torieux qui ne songeaient pas à se servir, comme d'habitude, de la vitesse de leurs chevaux :
alors le champ de bataille présente un spectacle
horrible que nul écrivain ne saura jamais rendre comme la plume de Salluste.

Il faut négocier enfin, et la politique tor-
tueuse de *Bocchus* est opposée à l'habileté de
Sylla. La contenance vigoureuse de ce dernier
arrête la trahison que la moindre faiblesse allait
visiblement provoquer : c'en est fait, Jugurtha, une seconde fois trompé dans sa confiance,

est livré enchaîné à Sylla, pour servir au triomphe de l'heureux Marius!

Salluste écrivait 70 ans avant Tacite, et la grande illustration de celui-là était acquise quand l'immortel écrivain des premiers Césars parut sur la scène du monde. Tacite put donc faire son profit de cette bonne école; car il prend à tâche d'imiter la concision de Salluste: et de s'assimiler ses belles formes de style [1], en effet, le genre de ces deux écrivains n'appartient qu'à eux seuls, et la nature, qui se complaît à une diversité sans fin, ne semble pourtant avoir donné à Tacite tout son génie qu'à la condition d'un illustre devancier.

Tous deux sont historiens politiques et philosophes; tous deux ont fait des tableaux effrayants de la corruption de Rome; mais Salluste montre peut-être plus en raccourci toutes les nuances de cette corruption, qui, dit-il, venant à se ramifier, produisaient une peste universelle [2].

[1] Quintilien qualifiait d'immortel le style de Salluste : « *Immortalem Sallustii velocitatem.* »

[2] *Post ubi contagio, quasi pestilentia invasit,* etc.

Tacite, quoique serré dans le style, s'étend plus complaisamment dans ses récits; il a plus d'apparat; l'indépendance de ce dernier, à une époque où la pensée devenait un crime d'Etat, est sa principale gloire. Mais l'indépendance de Salluste n'a rien de bien glorieux : l'audace lui était naturelle, et chaque jour il en donnait des preuves dans les assemblées publiques. Tacite était d'une probité sévère : chez lui, l'ascendant de la vertu avait besoin d'être tempéré par la douceur et l'aménité de ses amis; il enrayait, pour ainsi dire, sa vigueur native dans les grâces légères du commerce de Pline le Jeune. Salluste, au contraire, recherchait les gens décriés, tels que *Nigidianus*, homme emporté dans les plaisirs, *Clodius*, oppresseur fougueux du sénat, et vil courtisan de la multitude; Tacite fut consul sous les Césars; Salluste fut noté d'infamie sous la république.

En examinant la diversité de leurs caractères et de leur vie, on a le droit de s'étonner qu'il y ait si peu de différence entre eux pour la censure des mœurs publiques et pour la probité de l'histoire : Salluste a raconté ce qu'il voyait et ce qu'il pratiquait. De son temps le vice s'exal-

tait par la mode et la nouveauté; il avait des al-
lures républicaines, et voulait être aussi libre
et aussi ardent que certaines vertus publiques
dont il affrontait le contraste; mais, à l'époque
silencieuse de Tacite, sous le règne des Tibère,
des Caligula et des Néron, le vice avait besoin
de formes et de précautions; la vertu même con-
sentait à des dissimulations autorisées par sa
rareté et par l'ombrage qu'elle pensait causer.
Salluste est un malhonnête citoyen qui accepte,
comme homme, le culte des mauvaises mœurs,
tout en les flétrissant comme historien; Tacite
est un généreux citoyen, digne des temps passés, et qui trouve dans la noblesse de son âme
toutes sortes d'accents pour flétrir le crime et
l'infamie. Les désordres monstrueux et raffinés
de cette époque de despotisme et de basse servitude auraient suffi à la réputation d'un décla-
mateur; mais, ainsi qu'on admire la concision
et le goût de Salluste, on doit admirer jusque
dans ses formes réservées le blâme profond et
amer de Tacite.

Tout se montrait au grand jour du temps de
Salluste : aussi l'écrivain dépeint-il les hommes
comme autant d'acteurs qui posent devant lui,

ce qui rend chaque récit rapide et entraînant. Tacite, au contraire, a dû scruter dans la politique cachée, développer les contrastes entre les sentiments et les actes, démêler les mouvements de l'âme au travers des semblants du cœur, surprendre le perfide sourire des palais consulaires et de la cour des Césars, soulever le masque de l'hypocrisie, et regarder en face l'éclatante vérité! Aussi n'y a-t-il pas de plus grand écrivain philosophe ni de plus judicieux politique : l'histoire du règne de Tibère est un chef-d'œuvre d'observations profondes, où nul historien n'a mieux sondé la plaie ni mieux recherché les causes du mal : néanmoins, on peut reprocher à Tacite d'avoir admis trop légèrement quelques préjugés populaires contre lesquels son jugement devait le prémunir : il était un peu trop aux écoutes des opinions vulgaires; Salluste, au contraire, les repousse avec une indépendance presque hautaine. C'est dans l'Histoire des Mœurs des Germains et dans celle de la Vie d'Agricola, deux titres éclatants de la gloire de Tacite, que cet historien ressemble le plus à Salluste.

Je finis, afin qu'on ne croie pas que je veuille

poser ici une question oiseuse de préférence entre ces deux immortels écrivains : j'ai voulu simplement signaler quelques nuances de leur individualité.

Dans mon désir d'initier les jeunes latinistes au goût de l'histoire, j'avais deux choses à faire : l'une, de passer en revue tous les meilleurs modèles de l'antiquité; l'autre, d'en adopter un ou deux de mon choix : toutefois, en me rappelant l'impression qu'a faite sur moi la lecture réfléchie de Salluste, j'ai préféré le second moyen. Y avait-il à hésiter? Salluste peint admirablement une époque où il est aussi bien acteur qu'historien; il flétrit, par l'ascendant de la morale, ce qu'il pratique par la force des mœurs publiques et de ses habitudes privées. De plus, cette mémorable époque est celle qui suit le temps d'arrêt de l'austérité républicaine, et ouvre une funeste carrière à l'ambition démesurée et aux vices monstrueux de la décadence romaine. On voit poindre dans les deux admirables livres de Salluste les hommes qui ont pesé d'un poids immense sur les destinées de Rome : *Marius, Sylla, Manlius!* On dépiste les intrigues des sénateurs et les menées des tribuns;

on voit la vieille société se dissoudre; on assiste
au triste spectacle de la vénalité et de la corruption qui déshonorent les rangs élevés en at-
tendant qu'elles s'insinuent dans les étages inférieurs! On apprend à connaître les ressources
de l'éloquence militaire aussi bien que celles de
la tribune; on assiste aux batailles, aux ma-
nœuvres et aux ruses de guerre; en un mot, on
passe en revue la société romaine dans une de
ses phases les plus décisives! Pour nous, le
champ de notre histoire nationale est immense,
et ce grand modèle de style que Salluste offre
au monde littéraire est bien fait pour tenter
cette jeunesse ardente et généreuse qui fermente
dans les études. Je sollicite son indulgence et
son intérêt pour oser ainsi mêler ma faible
voix aux encouragements beaucoup plus sûrs
qui attendent la jeunesse dans les écoles publiques. Jadis on couronnait aux jeux de l'Elide
ceux qui avaient su rendre immortelle la gloire
nationa'e; la religion consacrait aussi leur re-
nommée, et elle identifiait leurs ouvrages
avec les muses qui les avaient inspirés.

FIN.

DIJON, IMPRIMERIE DE DOUILLIER.